情動発達の理論と支援

遠藤利彦 ● 編著

シリーズ
支援のための発達心理学
本郷一夫 監修

金子書房

シリーズ刊行にあたって

近年，障害の確定診断の有無にかかわらず，様々な支援ニーズをもつ子どもや大人が増加している。また，そのような人々に対する多くの支援技法も紹介されている。しかし，ある人に対して「うまくいった」支援技法を他の人に適用しても必ずしもうまくいくとは限らない。また，支援直後に「うまくいった」ように見えても，その後の人生にとってその支援が効果的であるかはわからない。重要なことは，表面的な行動の変化ではなく，その人の過去から現在に至る生活の理解に基づいて，その人の現在と未来の生活に豊かさをもたらす支援を行うことであろう。すなわち，人の発達の理解に基づく発達支援である。

そのような観点から，シリーズ「支援のための発達心理学」は企画された。本シリーズは，人が抱える問題の理論的基礎を理解するとともに，それに基づく具体的支援方法を学ぶことを目的とした。その点から，次の２つの特徴をもつ。第１に，単なる支援技法としてではなく，発達心理学の最新の知見に基づく支援のあり方に焦点を当てている点である。第２に，各領域の発達は，その領域の発達だけでなく，他の領域の発達と関連しながら起こるという機能間連関を重視している点である。

現在，発達支援に関わっている心理士・教師・保育士，これから支援に関わりたいと思っている学生・大学院生などの方に，本シリーズを是非読んでいただきたい。そして，それが新たな支援の展開と支援方法の開発につながっていくことを期待している。

最後になったが，このシリーズの出版の機会を与えていただいた金子書房，また迅速で的確な作業を進めていただいた担当の加藤浩平氏には深く感謝の意を表したい。

2018 年 2 月

シリーズ監修　本郷一夫

Contents

第Ⅲ部　各種社会的文脈における情動

第Ⅳ部　情動の非定型発達とその支援

第Ⅰ部

序論

第1章　総論：情動の発達・情動と発達

遠藤利彦

1　はじめに：両刃なる情動

心理学は長く，人の適応性や合理性を「ウェルビーイング」(well-being：心身の安寧）の中に見出そうとしてきたと言えるかも知れない。暗黙裡に，私たちの心身を良好な状態に導くふるまいを適応的・合理的とし，逆にそれを不安定・劣悪な状態へと陥れるふるまいを，不適応的・非合理的なものと把捉してきたのだと考えられる。しかし，こうした視座からすると，私たちが備えている情動のかなり多くのものは，「適応性・合理性」の側ではなく，むしろ「不適応性・非合理性」の側で語られなくてはならないものということになる。無論，例えば喜びや誇りといったポジティヴな情動はウェルビーイングを増進させ得るものではあるが，例えば恐れ，不安，怒りなどのネガティヴなの情動は，少なくともそれらがまさに発動されている状況下においては，ほぼ確実にウェルビーイングを低減させ得るものだと言えよう。そして，だからこそ，例えば行動主義心理学の巨人たるスキナー（Skinner, 1948）などは，自ら筆を執った心理学的ユートピア小説『ウォールデン・ツー』において，人間の心身の健康や適応にとって情動がいかに無用かつ有害であるかを殊の外，強調し，情動から解放されて在る状態こそが人間における至高の幸福状態であると諄々と説いたのである。そこでは，あくまでも情動が，適応のために「制御されるべきもの」（“regulatee”）として在ったのである。

しかし，実のところ，こうした情動に対する見方は既に過去のものとして在ると言って過言ではないのだろう。今では，ポジティヴな情動のみならずネガティヴな情動も含め，ほぼあらゆる種類の情動が，「不適応性・非合理性」の側ではなく，むしろ「適応性・合理性」の側で深く考究されるに至っているのである。こうした心理学における情動観の移ろいの背景には，適応性や合理性の基準を，必ずしもウェルビーイングにではなく，むしろ「適応度」(fitness：生物個体における遺伝子の維持拡散の程度）に置いて見る進化論的な視座が，心理学全体に亘って広く浸透してきているという事情を挙げることができるかも知れない（Cosmides & Tooby, 2000)。

確かに，例えば私たちが何ものかに恐れ慄き，不安に苛まれている状態は，心身の安寧がひどく脅かされた不幸な状態ではある。しかし，かといって，私たちの日常から，恐れや不安が消えてなくなることが，人にとっての最高善かというと決してそうとは言えないだろう。何故ならば，私たちは，恐れがあるからこそ，現実に遭遇した様々な危険に迅速に対応し，その状況から退避することができる。また，不安があるからこそ，これから先，潜在的に降りかかり得る様々な不利な事態に対して，予防的に対処することができる。まさに，堅実に生き延びていくために，それらは必須不可欠のものとして在るはずである。それらは，そのただ中にいる今・ここでは，人にとって心理的にきわめて嫌忌的なものであっても，それらが結果的にもたらすものは，人の生存可能性の維持・向上であり，その意味で，高度に適応的かつ合理的なのである。そして，さらに加えて言えば，専ら「制御されるべきもの」としてではなく，むしろ，生物学的な適応に向けて，人の心身の状態を瞬時に整合的に「調整・制御するもの」(“regulator”）として在ると言い得るのである（遠藤, 2013, 2016)。

進化生物学，特に遺伝子の論理で人の心や行為の傾向を読み解こうとする進化心理学の視座からすれば，ポジティヴな情動のみならずネガティヴな情動も，基本的に，生物個体としてのヒトの生存や成長，および配偶・繁殖・子育てなどにおける成功に寄与すべく，その時々の個体の心身状態を適応的に「調整・制御するもの」として，遺伝的に仕組まれるに至った進化の産物に他ならないのである。そして，この見方に従えば，私たち人間が，人生の早期段階から経験し表出することになる種々の情動は，その生涯に亘る心身の発達を適応的に支え導くものであるとも解せることになる。まさに，種々の情動にはそれぞれに，発達を適応的に「調整・制御するもの」としての高度な機能性が潜在しているのだと言えるのである（Tooby & Cosmides, 2008)。

しかし，様々な機能性が潜在しているということと，それが日常において，現に合理的な適応性を発揮するということとは，全く別次元の話である。まさに刃物がそうであるように，機能性はうまく活かされてこそ適応的なのであり，誤った使い方がなされると，むしろ害悪を及ぼすものにも転じ得るのである。当然のことながら，情動が結果的にもたらす帰結には，適応的なものもあれば，不適応的なものもある。情動とは，「適応性・合理性」と「不適応性・非合理性」が背中合わせになったまさに両刃なのであり，時には本来「調整・制御するもの」として在るはずの情動の機能性を，あえて管理・制御しなくてはならないこともあるのである（遠藤，2015）。

本書では全編を通して，このように情動を本源的に両刃なるものと捉えた上で，まずは，その発達プロセスそのものを，その理解や管理・制御の力も含め，様々な視点から，考察していくこととする。また，両刃なる情動が何をもたらすか，すなわち，それが，様々な他者との関係性の展開などにいかに作用し，人の種々の側面の発達をどのように支え促したり，また阻んだりすることになるのかについて議論することにしたい。さらには，人のより健全な発達を可能ならしめるために，どのような発達臨床的な支援があり得るのかについて，いくつかの視点を提示することができればと考えるものである。

さて，この章では，巻頭にあたり，情動の発達，すなわち情動およびその調整・制御に関わる力がどのような起源を有し，いかに発達・変化していくかということに関して，人の全生涯という視座から，簡単に概括していくことにしよう。加えて，情動と発達，すなわち日常の中で多様な形をとって経験され表出される情動が，個々人の他者との関係性および心理社会的適応性やパーソナリティの発達にどのように関わり得るかということについて，試論するものとする。

2　情動の起源と発達

出生直後から，乳児に多様な情動らしき表出が認められることは確かである。少なくとも苦痛の表出は半ば自明視されるものであるし，また睡眠中の口角の引き上げなどからして，微笑のごとき顔つきが認められることもある程度，確かなものと言い得る。さらに，何らかの刺激が与えられた際に，身体をびくっとさせ両手を伸ばし広げるような，いわゆるモロー反射も，一種の情動反応と言えなくもないのかも知れない。

仮に「表出＝情動」という立場を採るならば，喜び，悲しみ，恐れ，怒り，驚き，嫌悪といった，ある種の情動は，発達早期から既に存在しているという見方もあながち否定できないものとして在るのだろう。現に，情動の進化的起源および生得的基盤を強調する基本情動理論の論者の中には，少なくともある特定の情動，すなわち，彼らが基本情動と呼ぶものは，出生時に既に子どもに備わっており，情動そのものは基本的に発達しないのだと主張するような向きもある。彼らによれば，時間軸の中で発達するのは，情動そのものではなく，情動と他の周辺的要素，例えば，特定の認知活動との結びつきでしかないのである。すなわち，認知の発達によって，ある情動がどのような事象によって引き起こされるか，あるいは，個体がいかにその表出を抑制し得るかといったところに発達的変化は現れるものの，喜び，怒り，悲しみ，恐れといった情動経験そのものは，一生涯不変のものとしてあり続けるというのである。

しかし，乳幼児の情動への実証的近接がきわめて難しいと認識される中，こうした情動の発達観を採る論者は相対的に少数派と言えるかも知れない。それというのは，発達早期における情動らしき表出はそれに対応する明確な先行事象が認められない場合が多く，また同一の事象に対して，様々な情動らしき表出が一貫性なく入れ替わり立ち替わり立ち現れるようなことも少なくはないことが知られているからである。つまり，少なくとも乳幼児期の早期段階においては，情動らしき表出が認められたとしても，それは未だ明確な事象との有意味なつながりを持たない，かなりでたらめであいまいなものである可能性が高いということである（Camras et al., 2016）。こうしたことを受けて，情動の発達に関しては，情動らしき表出のみならず，それが生起した文脈状況にも慎重に目を向けることが重視されてきており，先行事象と表出との間にある程度，明確かつ整合的な関連性が確実に認められるようになった時点において初めて，ある特定の情動が現出したと判定される場合が，むしろ，より一般的になってきているように考えられる。

こうした視点から，情動の発達を捉える代表的な論者にルイス（Lewis, 2016）の名を挙げることができる。詳細は第2章に委ねるが，彼の理論モデルによれば，子どもは出生時点において，一方を，泣きやいらだちという形で現れる不快・苦痛とし，他方を，何か満足な様子や環境に対する注意といった形で現れる快・充足とする双極的な情動反応を示すという。さらに，環境に対する興味（interest）も，これらとは独立の次元をなして存在していると見なすことも可能であり，見方によっては快・充足，興味，不快・苦痛という３種類の情動が予め子どもに備わっていると考えることもできるらしい。そして，認知的発達の進行とともに，これらから徐々に分岐する形で，およそ生後半年頃までに，先にも見たような人にとって最も代表的な情動とも言える，喜び，悲しみ，恐れ，怒り，驚き，嫌悪などが生じてくるのだという。

また，同理論モデルによれば，この後，１歳半頃に，客体的な自己認知および自己意識が萌芽してくると，それに伴って，自分が他者に注目されていることを意識して，てれ（embarrassment）が，自他の別を理解した上で他者の窮状等を意識して，共感（empathy）が，そしてまた，他者にはあって自分にはないことを意識して，羨望（envy）といった情動が現れてくるという。さらに，発達時間が経過し，２歳半ばくらいになると，あるルールや基準からして自分は良いのか悪いのかという，いわゆる自己評価（self-evaluation）が成立し始め，それに伴い，自らの基準からして自分の行動が失敗したと感受した場合には恥（shame）や罪（guilt）を，逆に成功したと感受した場合には誇り（pride）を経験・表出するようになるらしい。ルイス（Lewis, 2016）によれば，生後３年目から子どもは既に，自分のふるまいの成否や是非を自己そのもの（あるいは能力などの自己の中核的特性）に原因帰属する様式と，あくまでもその一時的な行為の好悪に原因帰属する様式を身につけており，例えば，同じ失敗に対しても，前者のような全体的帰属（global attribution）（「ものを壊したのは自分ができない，だめな子だから」）をすれば恥の情動を，後者の特異的帰属（specific attribution）（「ものを壊してしまったのは，自分の扱い方がよくなかったから」）をすれば罪の情動を経験することになるのだという。

無論，こうしたルイスの情動発達の見方はあくまでも１つの理論モデルであり，これに異を唱える論者も少なからず存在しているというのが実情である。ただし，これまでの実証知見の全体像を俯瞰するに，少なくとも生後５～６年の間には，各種認知能力あるいは自己（自己意識・自己理解・自己評価など）の発達に伴い，子どもの情動が細かく分化し，情動のレパートリーという点からすれば，大人のそれにかなり近い様相を呈してくることはほぼ確かなことと言えるかも知れない。もっとも，当然のことながら，どのような種類の情動を経験・表出するようになるのかということばかりが，情動発達のすべてではない。いかなる事象に対して，それをいかに評価し，どのような情動の発動に結びつけ得るか［→第２章］，あるいは種々の情動を自身の状態や置かれた場面などに応じていかに調整・制御し，どのような種類の情動をより多く，逆にまた少なく経験・表出するようになるのか［→第４章］，さらには自他の情動をどのように理解し，それに基づいていかなる社会的行動をとり得るようになるのか［→第３章］といったあたりには，乳児期から成人期あるいは老年期に至る長きに亘って，様々な発達変化があるものと言える。以下では，選択的に情動の調整・制御（emotion regulation）に焦点化して，その発達の様相を概括していくことにしたい（情動制御の標準的発達については第４章で詳述される）。

3　情動制御の萌芽と発達

情動の調整・制御は，発達早期段階において，子どもの存在に配慮する養育者の手によってなされることが圧倒的に多いものと言える。それが，自発的なシグナルか否かは別として，子どもから何らかの情動が表出されたタイミングで，随伴的に，養育者による慰撫が適切になされる中で，子どもの情動が静穏化するものと考えられよう。

この点からすれば，アタッチメント［→第６章］も言ってみれば，養育者からの配慮と助力を介した，子どもの情動の調整・制御の一つの形であり，子どもの情動表出が，養育者によっていかに受け止められ，どのように応答されるかが，個々の子どものアタッチメント・スタイルの形成につながっていくことは多くの論者が強調してきたところである。言うまでもないが，アタッチメント・スタイルは，その後，一生涯に亘る個々人に固有の情動の調整・制御のスタイルの原型と換言できるものであり（Thompson, 2016），その意味で，情動の調整・制御の発達過程は，養育者等の他者によって受け身的になされる制御から，自らのスキルをもって自発的になす制御へと，徐々にその重みを移し換えていくプロセスであると言い得るのだろう（Ekas et al., 2018）。

ちなみに，子どもにおける情動の調整・制御の発達における養育者の寄与は，その後の発達過程も含めて言えば，こうした子どもの情動表出に即時的・随伴的に応答する慰撫者としての役割の他，子どもの観察学習における適切な情動の調整・制御の体現者たるモデルとしての役割，子どもとの情動エピソードをトピックとした会話などにおける適切な情動経験・表出に関する教師としての役割などの中にも見出すことができる（Denham et al., 2015）。

無論，子ども自らによる情動の調整・制御も，自覚的意識を必ずしも明確に伴わないものも含めて考えるならば，発達早期段階から既に，探索反射や吸啜反射，注視活動や頭部回転による注意のコントロール，身体運動，指しゃぶりなどの身体に対する自己刺激，毛布などの身近なものを使った自己慰撫などの中に，豊かに認めることができる。子どもは早くから，苦痛の状態あるいは不快な刺激に対して，多くの場合，いわゆる気晴らしや気分転換などの方略をもって，対処するのである（Kopp, 1989）。

その後，年齢が上がり，殊に幼児期から児童期にかけて，実行機能や心の理論なども含め，認知発達が進むと，主に身体ベースの原初的な方略だけではなく，徐々に表象レベルのより高次の方略を用いることができるように変じていくのだと言われている。例えば，ふりやごっこあるいはファンタジーなどを通して仮想的な状況を自ら作り出し，そこで遊んだり，また自らにとって不快な刺激や事態を想定した上で予防的にそれらを回避したり，他者に援助要請をしたり，さらには不快な出来事や刺激の意味を肯定的に再評価したりする中で，より適切な情動の調整・制御が次第に可能になっていくものと考えられる（Perry & Calkins, 2018）。

また，これらと同時並行的に，子どもは，その時々の不快な状態の即時的な解消だけを目的とするのではない，別種の情動の調整・制御スキルを漸次的に身につけていくものとも言える。そして，それは，大きく２つの選択のジレンマの解決のために，徐々に自らの情動をより適切に調整・制御できるようになっていくということを意味する。

２つの内の１つは，今を優先するか，もう少し先のことを優先するかということに関わる，いわゆる異時点間の選択のジレンマ解決に向けた情動の調整・

制御である。ミシェル（Mischel, 2015）によるマシュマロ・テストを用いた先駆的な実験研究などによってよく知られるところであるが，幼児期くらいから次第に，子どもは今の目先の快を求めたい，不快を避けたいという即時的な衝動を抑え込み，もう少し先の自らにとってもっと大きな利益を得るために，自身の情動を管理（満足遅延）することができるようになっていく。

もう１つは，自身の利益を優先するか，他者の利益あるいは他者に害悪が及ばないことを優先するかということに関わる，自他間の選択のジレンマ解決に向けた情動の調整・制御である。やはり幼児期くらいから，他者の意図や感情などの読み取り，あるいは暗黙の社会的基準やルールなどの理解が成立し始めると，例えば他者がくれたプレゼントに対して実際には失望の情動を覚えていても，少なくともその他者が現前している状況では，微笑んで応じるなどの他者志向的な情動表出の調整・制御が可能になっていくのである。

このように，とりわけ幼児期から児童期にかけて，子ども自身による情動の調整・制御は，多岐に亘って飛躍的に増進していくものと言える訳であるが，第二次性徴が始まる思春期に差し掛かると，それまでとはやや異なる発達の様相を呈し始めるようである（Shiota & Kalat, 2017）。従来から，思春期あるいは青年期前半は第二次反抗期と言われ，相対的にネガティヴな情動が優位化し，それによる様々な心理社会的な問題が多く生じる時期とされてきたことは周知の通りである。無論，近年の様々な調査結果によれば，心理面での揺曳や困難には広範な個人差があり，青年期全般をとりたてて問題なく平穏に送る者の割合も相当に高いということが示されているのだが，それでも，この時期が他の発達期に較べ，危険を伴う（risk-taking）行動およびその帰結たる様々な事故や問題が，突出して多いということに変わりはない（Steinberg, 2015）。

実のところ，認知面では相当に発達が進み，少なくとも実験室的環境では，大人と大差ないまでに的確な情動的意思決定や判断が可能になりながら（Reyna & Farley, 2006），現実場面では，適応的にふるまえない事態が少なからず発生するのだという（Shulman, 2014）。この時期は，性ホルモンを始めとする内分泌系の変化に加えて，脳神経系にも大きな構造的変化が生じることが明らかにされてきている。とりわけ，３つの“R”，すなわち“Reward”（報酬），“Relationship”（関係性），“Regulation”（制御）に関わる脳領域にかなりドラスティックな変化が生起するとされているが，この内，“Reward”（報酬）に深く関わる大脳辺縁系の発達的変化が先行して急激に立ち上がるのに対して，“Regulation”（制御）に深く関わる前頭前皮質の発達的変化は少し遅れて，しかも相対的にゆっくりと進行するのだという（Steinberg, 2015）。

つまりは，青年期前期くらいに，大きな報酬や強い刺激に対して感受性が昂進し，その獲得や接触に向けて勢いよくアクセルが踏み出されるが，それに対して的確にハンドル裁きをし，ブレーキをかける仕組みが十分に整わない中で，換言すれば，報酬を求めようとする強い情動とそれに抑制をかけるはずの情動制御とのアンバランスが生じる中で，時に危険行動および事故や問題が発生してしまうことになるのだろう。先にもふれたように，この時期にはもう１つの“R”，つまりは“Relationship”（関係性）に関わる脳の感受性も飛躍的に高まることが明らかにされてきている訳であるが，それを裏打ちするように，少なくとも一定割合の青年において，とりわけ仲間からの評価を得，集団の中での地位を高め確立しようとする中で，スリルや興奮や報酬を求める欲動が増大し，結果的に軽率な行動に出てしまう確率が高まる傾向があるのだという（Gardner & Steinberg, 2005）。

もっとも，この後，青年期中期から後期にかけて脳の構造およびそれに連動した心理機能の発達がさらに進むと，３つの“R”間に調和的な関係性が生み出され，現実的な心理行動面に，理性的な思慮を伴う落ち着きが徐々に増すようになっていくものと考えられる。ただし，その発達的進行には相対的に大きな個人差があることも否めないところであり，青年期全般に亘って適切な情動の調整や制御の力が十分に身につかない場合には，ポテンシャルとしての知的機能や金銭経済の面などにたとえ負の要素が存在していなくとも，その後の人生において，例えば学業を継続できない，職につけない，続けられない，法を遵守できないなどの問題が多く生じがちなのだという（Steinberg, 2015）。

成人期になると，標準的な意味では，情動の調整・制御のコンピテンスやスキルが相対的に安定した機能を発揮するようになるのだろう。それでも，50歳くらいまではまだ，家庭生活や仕事などの上でストレスにさらされることが多いため，喜びなどのポジティヴな情動の生起頻度は一般的に減少傾向を示すようである。しかし，その後は，日常生活の中でポジティヴな情動の経験や表出が徐々に増え始め，逆にネガティヴな情動の経験や表出が相対的に減る傾向があるらしい（Shiota & Kalat, 2017）。とりわけ，老年期には，現実的な意味で生活そのものが安定化し，ネガティヴ事象が減少するとともに，社会情動的選択性理論（Carstensen et al., 2000）などが仮定するように，情動的に満足が得られるような目的や活動に選択的に精力を注ぎ，ネガティヴな情報よりもポジティヴな情報を積極的に取り込もうとする認知的傾向が強まる中で，少なくとも主観的な幸福状態が高く維持される確率が高くなるのだという。

クール（Koole, 2009）によれば，人の情動の調整・制御には大きく，欲求（need）志向的なもの，目標・課題・規範（goal/task/norm）志向的なもの，全人（person）志向的なものという3種を仮定することができるのだという。上述したことからも窺えるように，発達早期段階における情動制御は，専ら眼前の快・不快の情動にとらわれた欲求志向的なものと言えるのかも知れない。しかし，幼児期くらいから徐々に，人は自身の現今の生活やこれからの成長に向けて必要になる目標や課題，具体的には学業や仕事などに対して，あるいはまた社会的に価値づけられた規範などに対して，情動の調整・制御をする必要に頻繁にさらされ，現にそれをより多くするようになるのだろう。そして，さらに加齢が進むと，今度は，全人（whole person）としての幸福感を最大化し，また安定化することに向けて，複数の課題や目標間の調整を行い，関心や活動を絞り込んだ上で，情動の調整・制御を次第に多くするに至るのだと考えられる。

4　情動が拓く関係性

ここまでは主に情動の発達，すなわち情動そのものおよびその調整・制御の発達について，その基本的なところを概説してきたが，ここからは情動と発達，すなわち情動が関係性の展開や個々人のアタッチメント・スタイルやパーソナリティなどの個人的特性の発達にいかに関与し得るかについて，ごく簡単に私論を述べておくことにしたい（関係性と情動発達との関わりについては，主に親子関係に関しては第6章で，園や学校での保育者・教師・仲間等と子どもの関係については第7章と8章で，詳述される）。

私たちが，ほぼ無自覚的に特別な反応を示すものに，刺激対象としての「ヒト」が在る。私たち人間は，顔や身体あるいは発声といった，自らと同種たる他者が発する様々な社会的刺激に対して，際立った迅速性や的確性をもって，それらを処理し，正負いずれの方向にも情動的に揺さぶられるのである。そうした傾向は既に出生直後から色濃く認められ，子どもは，自らを取り巻く環境世界に遍在する多様な刺激の中でも，例えば聴覚刺激であればとりわけヒトの発声に対して，視覚的刺激であればヒトの顔や目あるいは身体運動に対して，より強い関心を向けることが実験的に確認されている（Johnson & de Haan, 2015）。

また，子どもは，ただヒトが発する刺激に注意を向けるだけではなく，それにシンクロする，つまりは同調的に応答する存在でも在るようである。例えば，出生後間もない頃から，対面する他者の舌出しなどに対して，時に自らも同様の所作をもって反応したり（新生児模倣），また他者の様々な身体的動きに合わせた動きを自らも起こしたり（共鳴動作），さらに，他者の発話などのパターンにリズミカルに自分の声や動きなどを同調させたりする（相互同期性）という現象が確認されている（Meltzoff, 2011）。

これらの一連の研究知見は，ヒトの子どもが生まれながらにして，ヒトという刺激に対して，まさに「感応する」（特別な情動を向け，また情動的に応答する）存在であることを物語っている。しかし，この子どもの他者に対して「感応する」傾向は，同時に，ごく自然な形で，その他者を子ども自身に対して「感応させる」（特別な情動を抱かせ，情動的な応答を引き出す）ことにもつながっていくのだと言い得る。

元来，私たち人間，殊に大人にとって，その動きや発声も含めた子どもの独特の顔や身体の特徴が，無条件的に魅力あるものとして受け止められ，大人の側の養護感情に強く訴える傾向があることが実証的に示されている。こうした一連の特徴，すなわち，いわゆる幼児図式を備え，言ってみればただでさえかわいい赤ちゃんが，自身の周囲に位置する他者の存在に対して感応してくるのである。子どもが，ヒトの顔や声に選好を示すということは，とりもなおさず，その顔や声の持ち主たる他者に視線を向け，そして時にそれに様々な表情や発声を伴わせるということを意味している。大人視点で見れば，ただでさえ魅力的な赤ちゃんから注視され，また発声や表情といった様々な情動的シグナルを向けられるということになる。加えて言えば，先にふれた乳幼児の他者に対する同調傾向は，大人が子どもに対して行った様々な働きかけに対して，子どもが随伴的に応じてくれているという感覚を大人の側にもたらすことになる。

このように子どもと他者とが互いに感応し感応させる中で，ある意味，ごく自然な形で，他ならぬその子どもと他者との特別な情動的な関係性が生じ，展開されていくことになる。そして，子どもはその関係性の中で，複数の感覚経路を通して，他者が発する様々な刺激を自身の内側に豊かに取り込み，自身が生きていくことになる固有の社会的環境に対して，顔の個体識別，表情の意味の理解，母語の処理や習得などに関わる能力も含め，よりふさわしい脳や心の性質を漸次的に構成していくのだと捉えることができる（Hobson, 2005）。

また，子どもの近くに位置する他者，とりわけ養育者は，自身の子どもの姿形や行動などに対して，強く感応させられることになろう。時には，子どもが自分と何かコミュニケーションを取りたがっているかのように感じてしまうこともあるだろう。言い方を換えれば，子どもの視線や表情などから，子どもの心的状態をほとんど無意識裡に，そして少なからず，実態以上に豊かに読み取ってしまう傾向があると言えるのである。このような大人側の傾向を「マインド・マインデッドネス」（mind-mindedness：心をいつの間にか無自覚的に気遣ってしまっている状態）［→第6章］という術語で称することがあるが，養育者は，多くの場合，これに支えられて，知らず知らずの内に，子どもの発達に促進的に働く相互作用を展開し得るようになり，延いては，その中で現実に子どもが様々な社会情動的コンピテンスを備えるようになるという可能性が指摘されている（Meins, 1997）。

子どもの視線や表情あるいは発声などに何らかの意味づけを行うことは，ごく自然な形で，子どもが自分に何か話しかけてくれているといったある種の錯覚を生じさせやすいものと言える。すなわち，実際には子どもがそこまでの心的状態を有していなくとも，養育者が，子どもが「喜んでいる」「寂しそうにしている」といった情動の推測を行い，さらに「もっと遊んでって求めている」「どこにも行かないでって叫んでいる」と一度感じれば，そこに想像上の対話が生まれ，養育者は多くの場合，さらに子どもとの相互作用にのめり込んでいくという道筋が想定されよう。

そして，一部の研究は，こうした養育者のマインド・マインデッドネスの豊かさが，養育者が子どもの注視点に自らの関心を寄り添わせやすい傾向や，子どもの心に関連した言葉かけの多さなどとかなり強い関連性を有していることを明らかにしている（篠原, 2013）。また，養育者のマインド・マインデッドネスが，養育者の働きかけだけではなく，子ども自身の社会情動的発達，例えば幼児期に至った際の「心の理論」の獲得などに，少なからず関与している可能性を見出している研究も存在しているのである（Meins et al., 2002）。

ただ，逆に言えば，このことは，子どもと養育者との間に感応し感応させる相互作用が成立しにくく，養育者がマインド・マインデッドネスの状態に十分に浸れないような場合に，養育者の子どもに対する適切な働きかけが低減し，結果的にそこに種々の困難な発達事態が生じ得る危険性があることを含意している。例えば，極低出生体重児など，元来，何らかの発達リスクを抱えた状態で生まれてくる子どもの中には，先述したような幼児図式が相対的に弱く，ヒトに対する関心や反応が非常に希薄である，すなわち感応し感応させる傾向が乏しいが故に，養育者との緊密な情動的関係性がうまく形成されないケースが少なからずあることが指摘されている（Miller-Perrin & Perrin, 2012）。そして，結果的に，虐待やネグレクトも含め，不適切な養育にさらされやすくなり，その中で（元来有しているリスクに加えて）二次的に心身発達上の問題が生起してくる場合があるのだという（Strathearn et al., 2001）。また，論者の中には，自閉症スペクトラム障害の発生プロセスの端緒に，一部，発達早期段階における子どもと養育者との感応し感応させる相互作用の成立のしにくさが関与しているのではないかと仮定する向きもあるようである（遠藤, 2005; Hobson, 2005）。

5　情動とパーソナリティの発達

前節では，発達早期段階の子どもと養育者間における感応し感応させる傾向が，その後の関係性の展開にいかに絡み得るかについて言及した訳であるが，ここでは，少し視点を換えて，特定の関係性の中における日々の情動経験の蓄積が，子どものパーソナリティの発達において，どのような役割を担っている可能性があるかに関して多少ともふれておくことことにしたい。おそらく，１回１回の情動の生起に関して言えば，その影響はあくまでも一過性のものと言わざるを得ないだろう。しかしながら，私たちはここで，種々の情動がある特定の関係性の中で必ずしもランダムに生じるものではないということを確認しておくべきであろう。すなわち，気質などの子ども自身の生得的要因に起因して，あるいは養育者のパーソナリティおよび特異な養育実践などに起因して，ある特定の事象，そしてある特定の情動の生起頻度が高まり，またその一方で，ある別の情動の生起頻度が低くなるということが不可避的に生じてくるということである（Magai, 2008）。

こうした特定情動の生起頻度の高低という視点から，パーソナリティの発達を捉えようとする論者の1人としてマガイ（Magai, 1996）の名前を挙げることができる。彼女は，個々人のパーソナリティの基盤にアタッチメント・スタイルの違いを据え，そしてそのアタッチメント・スタイルが，特定情動の生起頻度の高まりの中で生じてくるのではないかと仮定しているのである。その仮定によれば，回避型は，恐れ（あるいは抑圧された潜在的怒り）が，また安定型は（養育者との間で相対的に正負様々な情動がオープンに交わされるが特に）ポジティヴな情動が，さらにアンビヴァレント型は，その下位タイプのC1（抵抗型）については怒りが，C2タイプ（受動型）については悲しみが，それぞれ中核となって形成される可能性が高いらしい。

回避型を例にとるならば，このタイプの子どもの養育者は，少なくとも早期段階においては，相対的に子どもに対して過剰な刺激を与えやすく，また侵害的な態度をとることが多いのだという。例えば，顔を合わせた相互作用場面で，子どもの方が視線を逸らしてきても，持続的な注視行動を始めとして，その働きかけを弱めるということをあまりしないらしい。結果的に，子どもはそこで恐れの情動を多く経験し，それに駆り立てられる形で，養育者との対面的相互作用から，撤退しようとすることになる。また，当然のことながら，その子どもの顔や声に現れる情動は，恐れなど，相対的にネガティヴなものに偏りがちになる。一般的に，子どもから微笑などのポジティヴな情動表出を引き出すことができれば，養育者の働きかけはある意味，報われたことになり，それから喜びや自己効力感を得ることができる訳であるが，このタイプの養育者は，そうした社会的報酬を結果的にあまり受け取ることができず，次第に自分の方からも子どもを避けてしまうようになる。場合によっては，子どもに対して，暗黙裡に「気むずかしい子」「かわいくない子」というラベリングをしてしまい，そうした思いこみの中，養育態度を次第に拒絶的な方向に硬直化させてしまうことになるのかも知れない。

すなわち，このタイプでは，恐れの情動が優勢化することで，養育者と子ども双方の回避傾向が固定化され，さらにこうしたプロセスの下で，その相互作用の特質をアタッチメント・スタイルとして内在化した子どもは，一貫して，他の対象に対しても同様の回避的スタンスで接することになり，そこに，ただ一過性のものとしてではない，ある程度，持続的な人格特性（trait）の基盤を固めることになるという訳である。こうした仮定が，どれだけ多くの子どもの発達に，標準的な意味で，等しく当てはまるのかに関してはまだまだ推測の域を出ないと言うべきであるが，それぞれの養育者と子どもの組み合わせの中で，それに固有の情動の経験・表出のパターンが生み出され，さらにそれがアタッチメント・スタイルやその延長線上のパーソナリティの発達を先導し組織化するという見方は，少なくとも関係性の展開に対して何らかの支援を試みようとする際に，１つの有用な視点を与えてくれるものと言えるだろう。

ちなみに，ポジティヴ情動の生起頻度の高さに関連して，類似の見方をする向きもあるようである。例えば，修道女の生涯発達過程を扱った研究においては，彼女らが日記の中に記した，特に人生の比較的早い段階におけるポジティヴ情動の経験頻度が，個々人の寿命の長さを予測するという結果が得られている（Danner et al., 2001）。また，卒業アルバムの写真に写った表情から，そこにおけるポジティヴな情動表出が，その後の生涯に亘る対人関係の良好さや生活に対する満足度，ひいては心身の健康を予測するという結果を導き出しているような研究もある（Harker & Keltner, 2001）。こうした結果については，無論，生来的な遺伝的要因や気質の介在なども想定しなくてはならないところであるが，これらの研究者が推察するところによれば，ポジティヴ情動の経験や表出の多さは，他者との互恵的な安定した関係性の経験を豊かに誘発することになり，その中で個人における心身の安寧が長期的に保証されるのではないかという。いずれにしても，日常における情動経験のバランスがパーソナリティ形成や生涯に亘る心理社会的適応性などに深く関与し得るということの１つの傍証になっていると言えるのかも知れない。

6 おわりに：生涯発達における非認知＝社会情動的コンピテンスの枢要な意味

少なくとも本章では，情動そのものにトピックを絞り込んで，その発達およびそれがもたらすものについて概要を記してきた。しかし，近年，発達心理学あるいは保育・教育学などの領域においては，広く人の情動的側面の賢さ全般を殊の外，重視する見方がとみに強まってきている。それは，時に情動知性（emotional intelligence）［→第5章］と呼ばれたり，非認知的能力（non-cognitive ability / skills）と呼ばれたりする訳であるが，そのいずれにおいても，そこに通底して在る1つの前提は，IQのような数値によって示される純然たる認知能力のみでは，人の生涯に亘る，経済的安定性なども含めた心理社会的適応性が決まる訳ではなく，むしろIQなどでは測れない力，つまりは社会情動的コンピテンスこそが人の幸福の鍵を握るのではないかということである（Heckman, 2013）。

おそらく，社会情動的コンピテンスと言われるものの具体的な中身は，自己と社会性の力と言い換え得るものであろう。自尊心，自己理解，自制心，グリット，自律性などから成る自己に関わる心の力，そして，心的理解，共感性，協調性，道徳性，規範意識などから成る社会性に関わる心の力，その両者の土台を比較的人生の早い段階で築いておくことの重要性が多くの実証研究の中で示されてきているのである。ただ，ここで強調しておくべきことは，自己にせよ，社会性にせよ，その中核には必ず，様々な情動の経験と表出があり，またその理解および調整・制御という要素が存在しているということである（遠藤，2020）。

本書全体を通して，広くそうした情動の発達のプロセスとメカニズムに関する諸理論，そしてまたそれらをいかに発達障害児者［→第9章］，被虐待児［→第10章］，病児［→第11章］などを含め，様々な対象への発達支援の実際に活かし得るかという視点について，少しでも理解を深めていただければと，編者として切に願うものである。

【文　献】

Camras, L. A., & Fatani, S., Fraumeni, B. R., & Shuster, M. M. (2016). The development of facial expressions: Current perspectives on infant emotions. In L. F. Barrett, M. Lewis, & J. Haviland-Jones (Eds.), *Handbook of emotions* (4th edition, pp. 293-306). New York: Guilford Press.

Carstensen, L. L., Mayr, U., Pasupathi, M., & Nesselroade, J. R. (2000). Emotional experience in everyday life across the adult life span. *Journal of Personality and Social Psychology*, 79, 644–655.

Cosmides, L., & Tooby, J. (2000). Evolutionary psychology and the emotions. In M. Lewis & J. M. Haviland-Jones (Eds.), *Handbook of emotions* (pp.91-115). New York: Guilford.

Danner, D., Snowdon, D. A., & Friesen, W. V. (2001). Positive emotions in early life and longevity: Findings from the nun study. *Journal of Personality and Social Psychology*, *80*, 804–813.

Denham, S. A., Bassett, H. H., Wyatt, T. (2015). The socialization of emotional competence. J. E. Grusec & P. D. Hastings (Eds.), *Handbook of Socialization* (2nd edition).

Ekas,, N. V., Braungart-Rieker, J. M., & Messinger, D. S. (2018). The development of infant emotion regulation. In P. M. Cole & T. Hollenstein (Eds.), *Emotion regulation: A matter of time* (pp. 31-51). New York: Routledge.

遠藤利彦.（2005）. 発達心理学の新しいかたちを探る. 遠藤利彦(編), 発達心理学の新しいかたち(pp. 3-52). 誠信書房.

遠藤利彦（2013）.「情の理」論：情動の合理性をめぐる心理学的考究. 東京大学出版会.

遠藤利彦（2015）. 両刃なる情動：合理性と非合理性のあわいに在るもの. 渡邊正孝・船橋新太郎(編), 情動と意識決定：感情と理性の統合（pp. 93-131）. 朝倉書店.

遠藤利彦（2016）. 利己と利他のあわい：社会性を支える感情の仕組み. エモーション・スタディーズ（日本感情心理学会誌）, 2, 1-6.

遠藤利彦（2020）. アタッチメント：「非認知」的な心の発達を支え促すもの. 日本教材文化研究財団・研究紀要, 49, 21-27.

Gardner, M., & Steinberg, L. (2005). Peer influence on risk taking, risk preference, and risky decision making in adolescence and adulthood: An experimental study. *Developmental Psychology*, 41(4), 625–635.

Harker, L. A., & Keltner, D. (2001). Expressions of positive emotion in women's college yearbook pictures and their relationship to personality and life outcomes across adulthood. *Journal of Personality and Social Psychology*, *80*, 112–124.

Heckman, J. (2013). *Giving kids a fair chance.* Cambridge, MA: MIT Press.

Hobson, R. P. (2005). What puts the jointness into joint attention. In N. Eilan, C. Hoerl, T. McCormack, & J. Roessler(Eds.), *Joint attention, communication, and other minds: Issues in philosophy and psychology* (pp.185-204). Oxford: Oxford University Press.

Johnson, M. H. & de Haan, M. (2015). *Developmental cognitive neuroscience: An introduction.* Wiley-Blackwell.

Koole, S. L. (2009). The psychology of emotion regulation: An integrative review. *Cognition and Emotion*, *23*, 4-41.

Kopp, C. B. (1989). Regulation of distress and negative emotions: A developmental view. *Developmental Psychology*, 25(3), 343-354.

Lewis, M. (2016). The emergence of human emotions. In L. F. Barrett, M. Lewis, & J. Haviland-Jones (Eds.), *Handbook of emotions* (4th edition, pp.272-292). New York: Guilford Press.

Magai, C. (1996). Personality theory: Birth, death, and transfiguration. In R. D. Kavanaugh, B. Zimmerberg, & S. Fein (Eds.), *Emotion: Interdisciplinary perspectives* (pp.171-201). Mahwah, NJ: Erlbaum.

Magai, C. (2008). Long-lived emotions: A life course perspective on emotional development. In M. Lewis, J. Haviland-Jones, & L. F. Barrett (Eds.), *Handbook of Emotions* (3rd edition, pp. 376-394). New York: Guilford Press.

Magai, C., & McFadden, S. (1995). *The role of emotion in social and personality development: History, theory, and research.* New York: Plenum Press.

Meins, E. (1997). *Security of attachment and the social development of cognition.* Hove, UK: Psychology Press.

Meins, E., Fernyhough, C., Wainwright, R., Gupta, M. D., Fradley, E., & Tuckey, M. (2002). Maternal mind-mindedness and attachment security as predictors of theory of mind understanding. *Child Development, 73,* 1715-1726.

Meltzoff, A. (2011). *The imitative mind: Development, evolution, and brain bases.* New York: Cambridge University Press.

Miller-Perrin, C. L. & Perrin, R. D. (2012). *Child maltreatment: An introduction.* SAGE Publications.

Mischel, W. (2015). *The Marshmallow Test: Understanding self-control and how to master it.* New York: Corgi.

Perry, N. B. & Calkins, S. D. (2018). A biosocial perspective on the development of emotion regulation across childhood. In P. M. Cole & T. Hollenstein (Eds.), *Emotion regulation: A matter of time* (pp. 3-30). New York: Routledge.

篠原郁子(2013). 心を紡ぐ心—親による乳児の心の想像と心を理解する子どもの発達. ナカニシヤ出版.

Shiota, M. N., & Kalat, J. W. (2017). *Emotion* (3rd edition). New York: Wadworth.

Skinner, B. F. (1948). *Walden two.* Englewood Cliffs, NJ: Prentice-Hall. スキナー, B. F. (1983). ウォールデン・ツー—森の生活：心理学的ユートピア(宇津木保訳). 誠信書房.

Steinberg, L. (2015). *Age of opportunity: Lesson from the new science of adolescence.* New York: Mariner.

Strathearn, L., Gray, P. H., O'Callaghan, M. J., & Wood, D. O. (2001). Childhood neglect and cognitive development in extremely low birth weight infants: A prospective study. *Pediatrics*, 108(1), 142-151.

Thompson, R. A. (2016). Early attachment and later development: Reframing the questions. In J. Cassidy & P. R. Shaver (Eds.), *Handbook of attachment: Theory, research, and clinical applications (3rd ed.)*(pp. 330-348). New York: Guilford Press.

Tooby, J., & Cosmides, L. (2008). The evolutionary psychology of the emotions and their relationship to internal regulatory variables. In M. Lewis, J. M. Haviland-Jones, & L. F. Barrett (Eds.), *Handbook of Emotions* (3rd edition, pp.114-137). New York: Guilford Press.

第Ⅱ部

情動発達の基礎

第2章 情動の発達とそのメカニズム

武藤世良

1 はじめに

はじめは泣くことしかできなかった赤ちゃんが，そのうち微笑を見せ，悲しんだような顔や怒ったような顔など，様々な場面で様々な表情を見せるようになる。成長するにつれて，私たちは実に多様な情動を表出し，経験できるようになる。本章では，まず情動の発達を捉える複数の理論を概観する。次に，情動の発達プロセスの有力な見方の１つとして，ルイス（Lewis, M.）の生後３年目までの情動発達モデルを紹介する。続けて，児童期・青年期以降の情動発達や，情動の個人差やその要因について概観する。本章を通して，生涯にわたる情動の発達とそのメカニズムを考えてみたい。

2 情動の発達理論

情動の発達を捉える代表的な理論は複数ある。イザード（Izard, C.）の個別情動理論（Differential Emotions Theory: e.g., Ackerman, Abe, & Izard, 1998; Izard, 2007）では，喜びや悲しみ，怒り，嫌悪，恐れなどのいわゆる基本情動（basic emotions）が，神経生物学的基盤を持って発達のタイムテーブルに生得的に組み込まれており，主に神経と筋肉の成熟によって生後早いうちに出現するとされている。この理論では，個別の基本情動はそれぞれ進化的に重要な動機づけ機能を持ち，身体表出的要素（顔表情や音声，姿勢など）や神経生理学的要素（脳活動や交感神経，副交感神経，ホルモンなどの反応），主観的情感（feeling）要素（「嬉しい」・「悲しい」などの気持ちの状態）などの情動の構成要素がセットとなって，自然類（natural kinds：自然が与えた，同様の観察可能な特性を持ち，何らかの重要な点で似ている現象のカテゴリー）として存在していると捉えるところに大きな特徴がある（Izard, 2007）。つまり，生存や適応に関わる特定の出来事が生じると，それに対応した特定の情動の構成要素の丸ごと全部が急速に自動的・無意識的に一斉に発動し，生存や適応の可能性を高めるような，とっさの反応をもたらすと考えられている。この理論では，成熟によって出現する基本情動そのものはそもそも発達せず一定不変であり（Ackerman et al., 1998），発達するのは情動と高次の認知，あるいは評価（appraisal：出来事の主観的な意味づけ）の力動的な相互作用により生じた，感情－認知構造（affective-cognitive structures）や情動スキーマ（emotion schema：情動，評価，高次認知の力動的相互作用に関与するプロセスであり，基本情動または基本情動エピソードを特徴づけない認知的内容を強調する）であると仮定する（Izard, 2007）。すなわち，個別情動理論では，進化的に獲得された基本情動の主観的情感（気持ち）が，喜びや悲しみといった言葉（文化的な情動ラベル）や出来事の評価と結びついていくことで，個人が生涯を通して多様な情動スキーマを発達させ，経験できるようになると考えられている。

分化理論（differentiation theory）は，1932年のブリッジズ（Bridges, K.）の論考に端を発する。ブリッジズ（Bridges, 1932）は，入念な観察記録によって，乳児の情動が生後2年間で曖昧な興奮（excitement）から，まず苦痛（distress）と快（delight）に分化し，次に苦痛は怒りや嫌悪，恐れなどに，快は喜びや愛情などに分化することを示した。分化理論は，身体の成熟につれて情動の発達が進むと考える点は個別情動理論と同様であるが，未分化の情動から派生して様々な情動が生じると考える点が異なっている（Camras & Shuster, 2013）。本章で中心的に取り上げるルイスの理論は，この分化理論に根差した考え方である（Lewis, 2014, 2016a）。

ほかにも，情動反応の不変性ではなく柔軟性を強調し，情動エピソード（emotion episode：1回1回の情動の主観的な出来事）において特定の構成要素（例：顔表情）があってもなくてもよいと考える，機能主義（functionalist）の見方（e.g., Campos, Campos, & Barrett, 1989）やダイナミカル・システムズ・アプローチ（dynamical systems approach）の考え方がある（Camras & Shuster, 2013）。機能主義では，個人が自身にとって重要な目標を達成するために環境との関係を構築し維持し変化させていくプロセスを情動であるとみなす。顔表情や音声，姿勢などの表出は他者や環境への社会的信号として機能するため，子どもは状況に応じて柔軟にそれらを表出し，自分を他者や環境と関係づけながら情動を発達させると捉える。ダイナミカル・システムズ・アプローチでは，たとえばある刺激の強度が特定の水準に達すると乳児の微笑が泣きに変わる，といったように，そのシステムの鍵となる，何らかの構成要素が重要な閾値に達したときに，フェーズ・シフト（phase shifts）と呼ばれる情動の組織化における質的変化が生じると仮定している（Camras & Shuster, 2013）。

情動の発達には，言語や社会・文化が大なり小なり影響を与えることも知られている。情動と言語の関連や，情動に情動語（emotion words）や情動概念（emotion concepts），情動知識（emotion knowledge）が果たす役割については，個別情動理論のように，これまでも多くの情動理論が論じてきた。近年では，様々な情動語の獲得や情動概念の発達が，情動あるいは経験・知覚できる情動カテゴリーの発達を決定的に規定すると考える立場もある（e.g., Barrett, 2017; Widen, 2016）。

このように，情動の発達には様々な考え方があるものの，本章では，生物学的視点（進化）と構成主義的視点（社会・文化）の両者をバランスよく取り入れ，かつ比較的わかりやすい見方の１つとして，ルイスの生物学的構成主義（bioconstructivist）の分化理論（e.g., Lewis, 2014, 2016a, 2016b）を特に取り上げることとする。ルイスの理論では，(a) 子どもが外界と積極的に関わるために進化的に備わった顔表情や音声，身体動作などの行動パターン（action pattern）と，(b) 子ども一人ひとりに固有の気質（temperament）という２つの生物学的特徴を仮定する一方で，子どもの独自の社会的・認知的経験も仮定して，両者の相互作用を扱っている。さらに，子どもの認知発達が進むにつれて，認知的帰属理論のアプローチも取り入れられている（Lewis, 2016a, 2016b）。

3　生後１年目の情動の発達

イザードなど，個別情動理論や基本情動理論を支持する理論家の多くは，ダーウィン（Darwin, 1872/1931）の『人及び動物の表情について』に記された，人や動物には普遍的な情動表出があるという考え方に立脚している。ダーウィンは，人や動物の情動は特定の状況に結びついた，適応的な行動パターンであると示唆した（Lewis, 2016a）。ルイスは，生物学的基盤を持ち，生後1年目に現れる基本情動に相当する情動群を一次的情動（primary emotions）と呼んでいる。

ルイスによれば，子どもは生後3年で大人とほぼ同様の情動レパートリーを身につける。図2-1には2016年時点のルイスの情動発達の追加的モデル（additive model）を示した（Lewis, 2016a）。先に述べたブリッジズの分化理論のように，これまでルイスは，情動は一般的不快（distress）と一般的快（pleasure）の2種類の双極的な情動か，場合によっては快から興味（interest）を独立させた3種類の情動から次第に様々な個別情動が分化すると考えてきた（e.g., Lewis, 2008/2010）。しかし，近年のルイスは，接近（approach）と撤退（withdrawal）という，全ての動物に見られる2つの原初的な行動パターンから一次的情動が分化すると考えているようである（Lewis, 2014, 2016a）。

図2-2は，2014年時点のルイスの早期の行動パターン（一次的情動）の分化発達モデルである（Lewis, 2014）。このモデルでは，乳児はまず，人や事物への一般的な接近行動を示し，次第に喜び（joy），怒り（anger），興味（interest）が分化すると仮定する。興味深いのは，快・不快という次元では区別される怒り（不快）と喜び（快）が，どちらも脳の左半球の活動と結びついている，という神経生理学的な理由も根拠に（Lewis, 2016a），興味と同じく，接近的な情動として位置づけられていることであろう。ルイス（Lewis, 2016a）によれば，喜びの行動パターンは顔や声などの社会的刺激がある文脈や，事物や人々の制御または習得の文脈に関係している。また，怒りの行動パターンは自身の妨害された目標を克服する文脈，興味の行動パターンは新奇な出来事や馴染みのある出来事に注意を向ける文脈に関係している。なお，興味は認知的な側面も強く，基本情動やそもそも情動としてみなされないこともあるものの，ルイスは一次的情動として捉えている。

一方で，撤退の行動パターンは，乳児の外界との積極的な関与を止めさせるものであり，嫌悪（disgust）と悲しみ（sadness）が分化する。嫌悪は有害な味やにおいを口から取り除き乳児が食行動を止める文脈，悲しみは人々や事物を喪失する文脈に関係している。なお，睡眠（sleep）も外界との関与を止めるメ

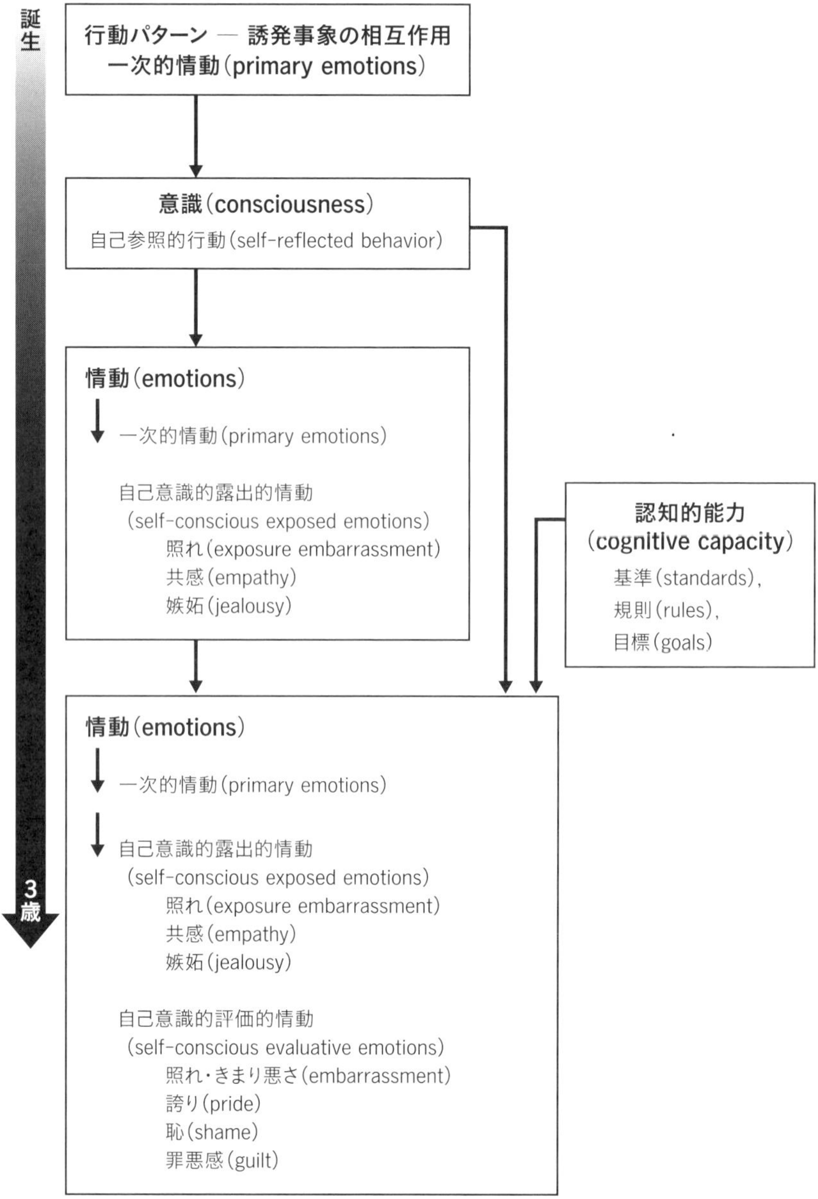

図2-1　情動的生活における発達の追加的モデル
(Lewis, 2016a, p. 280, Figure 15.2を基に作成)

カニズムである。新生児の長い睡眠時間やレム睡眠（Rapid Eye Movement sleep）による外界からの離脱は，生後3ヵ月間で急速に減少するものの，標準的な脳機能の発達や，接近行動パターンで得た情報の復元にとって必要なものであるという。このように，接近と撤退の行動パターンはいくらか同期して働いているらしい（Lewis, 2016a）。

また，恐れ（fear）は，ルイスによれば接近と撤退の組み合わせの結果である（Lewis, 2016a）。恐れは馴染みのない文脈か，生得的解発機構のような生まれつきのメカニズムへの反応である。このことは，もし馴染みのない刺激が子どもに撤退しか引き起こさず，接近が全く伴わないのであれば，蜘蛛や蛇などの生き物が危険であるということについて（少なくとも原始的な環境では）学習できないということを考えてみるとわかりやすいかもしれない。視覚的断崖（visual cliff）の実験（ガラス張りの床を前にして乳児がどのように振る舞うかを検討する）や見知らぬ人を対面させる実験での乳児の振る舞いのように，警戒しなが

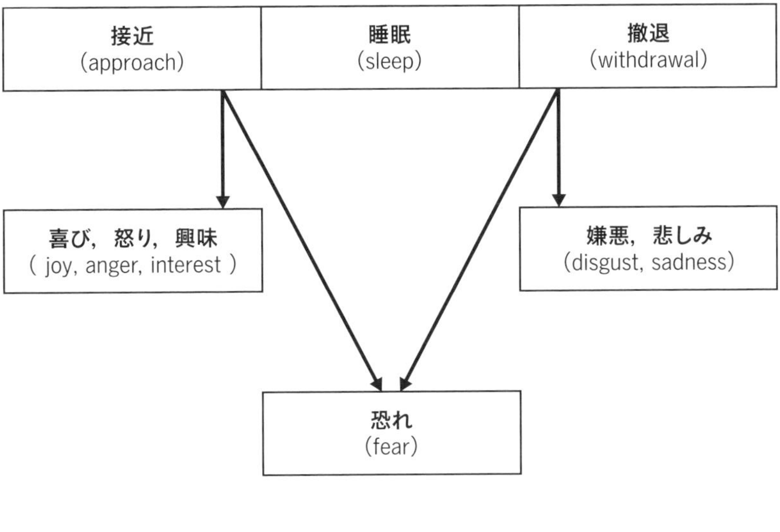

図2-2　分化する早期の行動パターンの発達
（Lewis, 2014, p. 73, Figure 4.1を基に作成）

らも興味を持って近づきつつ，一方ですぐに撤退できるよう安全も確保しておく，といった，接近と撤退が組み合わさった行動パターンが恐れとして分化すると考えられている（Lewis, 2016a）。

以上の接近と撤退の行動パターンは誕生時には未分化であるが，生後２～３ヵ月後には成熟によって分化し，さらに生後約半年から８～９ヵ月後には喜び，怒り，興味，嫌悪，悲しみ，恐れの６つの一次的情動（少なくともその顔表情）が，上述したような特定の状況と結びついて分化するようである（Lewis, 2016a）。

4　生後２年目から３年目までの情動の発達

ルイスの理論で最も刮目すべきことの１つは，発達プロセスとして，意識の起こり（rise of consciousness）の役割を重視していることである（Lewis, 2014, 2016a）。ここでの「意識」は主に，自分自身の身体状態や思考について考える自己参照のプロセスや行動，あるいはその能力（self-referential behaviorやself-reflected behavior，self-referential ability）のことを指しており，意識の内容のことを指しているわけではないことに注意されたい（Lewis, 2016a）。ルイスによれば，生後２～３年目には，行動パターンと意識が相互作用するようになり，その結果，様々な自己意識的情動（self-conscious emotions）が出現する。自己意識的情動は一次的情動とは異なり，自己が関与する認知や考え（idea）によって引き出される情動であるが，一次的情動と同様に生物学的基盤を持ち，適応的にも重要である。

ルイスは，認知発達の程度によって，自己意識的情動をさらに２種類に分けている（Lewis, 2008/2010, 2014, 2016a, 2016b）。まず，生後約15～24ヵ月（約１歳半前後）で自己意識がある程度発達し，鏡像認知（鏡に映った自分が自分であるとわかること）や自己言及的言語（英語のmeやmine，日本語の「僕に」，「私のもの」などの言葉）の使用，ふり遊びなどに見られる客体的な自己認識や自己覚知，自己参照的行動が可能になると，照れ（exposed embarrassment）や共感（empathy），羨望（envy）・嫉妬（jealousy）といった，自己意識的露出的情動（self-conscious exposed emotions）の表出が見られるようになる。ここでの照れは，ネガティブな自己評価を伴わないものであり，褒められたり，単純に指差しをされて自分が注目されたり人目に晒されたりするような状況で生じる。また，ここでの共感は，いわゆる乳児の情動伝染（emotion contagion：たとえば，ある乳児の泣きが他の乳児の泣きを引き起こすような現象）のような原初的な共感的反応とは異なり，自己と他者を区別し他者の視点を取得する能力が身について初めて生じる情動である。羨望や嫉妬も，自己意識の関与が必要な情動である。羨望（あるいは妬み）は相手にあって自分にないものを欲しがるというニュアンスが強く，嫉妬は重要な他者を誰かに取られて失ってしまうかもしれないというニュアンスが強い。しかし，たとえば親が自分ではなく，きょうだいのほうばかりをかわいがるような状況は，「羨ましい」とも「嫉妬する」とも言うことができる。いずれにせよ，自分にないものがわかるという点で，どちらも自己参照が必要である。

次に，生後約30～36ヵ月（約2歳半～3歳）で，子どもは家族や社会・文化の基準や規則，目標を，学習や社会化によってある程度内在化し，自身や他者の基準に照らし，成功・失敗の原因帰属や自己評価ができるようになる。そうすると，（自己評価的な）照れ・きまり悪さ（embarrassment）や恥（shame），罪悪感（guilt）・後悔（regret），誇り（pride），驕り（hubris）といった，自己意識的評価的情動（self-conscious evaluative emotions）の表出が見られるようになる。ここでの照れ・きまり悪さ（embarrassment）は，初期の照れとは異なり，ネガティブな自己評価の伴うものであり，強度の弱い恥として捉えられる（Lewis, 2016b）。また，恥，罪悪感・後悔，誇り，驕りの発生には原因帰属が特に重要である。すなわち，失敗状況を自身に責任があると内的に帰属し，かつ全体的な自己（global self）に帰属すると恥が生じる一方で，当時の行動や特徴など，特定の自己（specific self）に帰属すると罪悪感や後悔が生じる（たとえば，モノを壊した理由を，自分が悪い子だからと考えると恥が生じるが，そのときの注意不足が原因だと考えると罪悪感が生じる）。同様に，成功状況を全体的な自己に帰属すると驕りが，特定の自己に帰属すると誇りが生じる（たとえば，立派な積み木が完成した理由を，自分が良い子だからと考えると驕りが，そのときの自分の積み重ね方が良かったからだと考えると誇りが生じる）。

こうして約3歳になるまでに，情動は高度に分化する。その後も情動は洗練され拡張され発達し続けるが，この拡張のために必要な基本的構造は，生後3

年間でほぼ形成されるという（Lewis, 2016a）。なお，ルイスは自身の理論的前提から退けているものの，たとえば嫉妬や共感などは生後１年目に出現しうるという知見や批判もある（Lewis, 2016b）。また，ルイスのように自己意識的露出的情動と自己意識的評価的情動を特に区別せず，まとめて自己意識的情動として考える研究者も多い。一部の一次的情動や自己意識的情動の多くは，対人的状況で生じることから社会的情動（social emotions）と呼ばれることもあるし，道徳的行動の基礎にあるために道徳的情動（moral emotions）と呼ばれることもある。研究者の考え方や今後の研究の進展次第で，情動やその発達の捉え方も変わってくるため，ルイスの情動の発達モデルが唯一のものではないことには十分に注意されたい。たとえば，ルイスは情動発達における認知発達の側面を強調しているが，ハイハイで移動が可能になるなど，運動発達の側面も情動の発達に重要な役割を果たすことが指摘されている（e.g., Camras & Shuster, 2013）。

5　児童期・青年期以降の情動の発達

ソマーヴィル（Somerville, 2016）のレビューによると，青年期の情動発達は児童期や成人期に比べると異質である。思春期特有の心身の変化が起こり，児童期や成人期に比べて仲間関係や他の社会的関係も重要になる青年期には，自分が周りから見られているという意識が強くなり，社会的評価を気にして自己意識的情動を頻繁に経験するようになる。また，人間関係などで不確実性が高くストレスも多い青年期には，児童期や成人期と同様に，全般的なポジティブ情動経験はネガティブ情動経験を上回るものの，児童期後期から青年期中期にかけてポジティブ情動経験頻度が減少し，ネガティブ情動経験頻度が増加するようである。青年期は抑うつや不安障害が最も発達しやすい時期でもある。さらに，思春期の身体の変化の開始のタイミングは一人ひとり異なるため，青年の情動は個人差が大きい。また，脳は児童期中期までに成人の95%の大きさに達するが，その構造や機能は青年期や若年成人期を通して変化し続ける。機能の異なる脳神経回路ごとに成熟の時期がずれ（“staggered emergence”），不均衡（“imbalance”）になるため，青年は児童や成人よりも情動を経験しやすいという仮説も提示されている。具体的には，青年期の脳は，報酬の予期や獲得に関わる腹側線条体（ventral striatum）や，情動を誘発する刺激や潜在的な脅威の情報処理に関わる扁桃体（amygdala）が既に十分に成熟しているのに対して，認知的制御や意思決定など高次認知に関わる前頭前皮質（prefrontal cortex）がいまだ成熟の途中にあるため，腹側線条体や扁桃体が過剰に活動する状況に置かれているらしい。

また，世間一般では，人は高齢になるほど喪失経験も多くなり，幸せでなくなるだろうという信念があるかもしれない。しかし，少なくとも自己報告レベルでは，高齢者は若年成人に比べて幸せ（happiness）の評定値が高く，怒りが低く，悲しみには差がないことが示されている（Mather & Ponzio, 2016）。高齢期には一般に，情動だけでなく，注意や記憶でもポジティブな情報をネガティブな情報よりも好むポジティビティ・エフェクト（positivity effect）が現れるとされている。こうした現象は，高齢になると生涯で残された時間が限られているという感覚が増えるために，至近的で情動的な目標達成を重視し，情動を制御し情動的well-beingを高めるような戦略を取りやすくなるという，社会情動的選択性理論（socioemotional selectivity theory）などの理論的枠組みから解釈が試みられている（e.g., Mather & Ponzio, 2016）。

6 情動発達の個人差

情動発達は個人差も大きい。多くの研究者は，情動の個人差には気質と社会化という２つの要因が大きく影響すると考えている（e.g., Camras & Shuster, 2013）。ルイス（Lewis, 2016b）も，自己意識的情動の個人差は３歳までに現れるとし，主に気質と社会化がその要因であると考えている。気質に関しては，たとえばストレス反応性の高さはより自己に注目させ，失敗状況での全体帰属を高めるため，恥や自己評価的な照れ・きまり悪さを増大させる可能性があるという。一方で，社会化は，基準や規則，目標の獲得や，内的・外的帰属，全体・特定帰属などのあり方に影響を与える。親や教師などからこれまでどのように褒められ罰せられてきたかという，基準や規則，目標の教わり方が，子どもの自己評価スタイルに影響を与え，その結果，自己意識的評価的情動にも影響を与える。また，たとえば日本人の幼児はアメリカ人の幼児よりも，成功・失敗に関わる実験状況で恥や誇り，悲しみを表出しづらく，照れ・きまり悪さ（発達早期のものと自己評価的なものの双方）を表出しやすいという文化差を示した知見もある（Lewis, Takai-Kawakami, Kawakami, & Sullivan, 2010）。ルイスによれば，原因帰属にはかなりの個人差があり，特に全体帰属と特定帰属のどちらをしやすいかは（そのときの状況にもよるが）パーソナリティ・スタイルとしても考えられるという。抑うつ傾向の高い者は失敗状況で安定して自己の全体帰属を行いがちであるなど，評価スタイルは抑うつや不安，自己愛性人格障害などの臨床的な問題を考える上でも重要である（Lewis, 2014, 2016b）。

ルイスが子どもの基準や規則，目標の学習過程で親や祖父母，きょうだい，仲間，教師など，様々な他者との絆や養育環境を重視しているように（Lewis, 2016a），情動やその発達における情動社会化（emotion socialization）の重要性も指摘できる（Camras, & Shuster, 2013）。アイゼンバーグら（Eisenberg, Cumberland, & Spinrad, 1998）は，（a）子どもの情動に対する親の反応（parental reactions to children's emotion），（b）情動についての親子の話し合い（discussion of emotion），（c）親自身の情動表出（expression of emotion）の３つが情動の社会化や発達を規定する主な情動関連社会化行動（emotion-related socialization behaviors: ERSBs）であるとしている。また，フレドリクソン（Fredrickson, 1998）は，ポジティブ情動や自己意識的情動の社会化や発達にとっては，これら３つに加えて，（d）子どもが過ごす状況・場面の親の選択（parental situation selection）や，（e）親の理想の伝達（parental communication of ideals）も重要である可能性を指摘している。同様に，親の情動に関する信念（e.g., Eisenberg et al., 1998）も，情動の社会化や発達を規定する要因の１つであり，（a）―（e）にも影響を与えると考えられる。

また，情動の表出には一般に性差が認められる傾向がある。性差の出現や程度の大きさには，子の年齢や発達段階，親の性別，親と子の性別の組み合わせ，親の情動に関する被教育経験，家庭の社会経済的地位，民族性，文化など様々な要因が影響する（e.g., Eisenberg et al., 1998; Panjwani, Chaplin, Sinha, & Mayes, 2016）。恥や照れ・きまり悪さなどの自己意識的情動の性差は，家庭や学校教育における社会化（例：子どもの成功・失敗状況での原因帰属に関する親や教師の声かけ）の影響も受けるようである（Lewis, 2016b）。

7 まとめ

本章では情動の発達とそのメカニズムを概観した。近年では，基本情動や自己意識的情動だけでなく，感謝や称賛，尊敬，畏敬など，自己だけでなく他者に焦点化した高度な社会的・道徳的情動にも急速な関心が寄せられ始めているが，特に発達に関する実証的知見は少なく，今後はこうした情動の発達の理論や支援の実践も大いに待たれる。また，人は日常の中で情動やその発達について素朴な信念を豊かに，時には歪んで形成するところがあり（Eisenberg et al., 1998），こうした情動観や素朴理論は発達支援にも重要な影響を与えるだろう（たとえば，電車の中で騒がしく泣いている子どもを怒るか慰めるか）。本章があなた自身の情動観を少しでも考えるきっかけになれば幸いである。

【文　献】

Ackerman, B. P., Abe, J. A. A., & Izard, C. E. (1998). Differential emotions theory and emotional development: Mindful of modularity. In M. F. Mascolo & S. Griffin (eds.), *What develops in emotional development?* (pp. 85–106). New York, Plenum Press.

Barrett, L. F. (2017). *How emotions are made: The secret life of the brain*. New York, Houghton Mifflin Harcourt.

Bridges, K. M. B. (1932). Emotional development in early infancy. *Child Development*, 3, 324–341.

Campos, J. J., Campos, R. G., & Barrett, K. C. (1989). Emergent themes in the study of emotional development and emotion regulation. *Developmental Psychology*, 25, 394–402.

Camras, L. A., & Shuster, M. M. (2013). Current emotion research in developmental psychology. *Emotion Review*, 5, 321–329.

Darwin, C. (1872). The expression of the emotions in man and animals. London, John Murray.　浜中浜太郎（訳）（1931）．人及び動物の表情について　岩波書店

Eisenberg, N., Cumberland, A., & Spinrad, T. L. (1998). Parental socialization of emotion. *Psychological Inquiry*, 9, 241–273.

Fredrickson, B. L. (1998). Cultivated emotions: Parental socialization of positive emotions and self-conscious emotions. *Psychological Inquiry*, 9, 279–281.

Izard, C. E. (2007). Basic emotions, natural kinds, emotion schemas, and a new paradigm. *Perspectives on Psychological Science*, 2, 260–280.

Lewis, M. (2008/2010). The emergence of human emotions. In M. Lewis, J. M. Haviland-Jones, & L. F. Barrett (Eds.), *Handbook of emotions* (3rd edition, paperback edition, pp. 304–319). New York, Guilford Press.

Lewis, M. (2014). *The rise of consciousness and the development of emotional life*. New York, Guilford Press.

Lewis, M. (2016a). The emergence of human emotions. In L. F. Barrett, M. Lewis, & J. M. Haviland-Jones (Eds.), *Handbook of emotions* (fourth edition, pp. 272–292). New York, Guilford Press.

Lewis, M. (2016b). Self-conscious emotions: Embarrassment, pride, shame, guilt, and hubris. In L. F. Barrett, M. Lewis, & J. M. Haviland-Jones (Eds.), *Handbook of emotions* (fourth edition, pp. 792–814). New York, Guilford Press.

Lewis, M., Takai-Kawakami, K., Kawakami, K., & Sullivan, M. W. (2010). Cultural differences in emotional responses to success and failure. *International Journal of Behavioral Development*, 34, 53–61.

Mather, M., & Ponzio, A. (2016). Emotion and aging. In L. F. Barrett, M. Lewis, & J. M. Haviland-Jones (Eds.), *Handbook of emotions* (fourth edition, pp. 319–335). New York, Guilford Press.

Panjwani, N., Chaplin, T. M., Sinha, R., & Mayes, L. C. (2016). Gender differences in emotion expression in low-income adolescents under stress. *Journal of Nonverbal Behavior*, 40, 117–132.

Somerville, L. H. (2016). Emotional development in adolescence. In L. F. Barrett, M. Lewis, & J. M. Haviland-Jones (Eds.), *Handbook of emotions* (fourth edition, pp. 350–365). New York, Guilford Press.

Widen, S. C. (2016). The development of children's concepts of emotion. In L. F. Barrett, M. Lewis, & J. M. Haviland-Jones (Eds.), *Handbook of emotions* (fourth edition, pp. 307–318). New York, Guilford Press.

第3章 情動理解の発達とそのメカニズム

溝川　藍

1 はじめに

言語を使用するようになる前から，子どもは周囲の人々と，情動を介した交流を行っている。たとえば，子どもの笑顔に対して，養育者が笑顔で応えることで，ポジティブな情動状態の共有が行われる。子どもが大きな音に驚いて泣き出したときには，養育者が「あらあら，びっくりしたのかな」等と声をかけてなだめ，ネガティブ情動の調整が行われる。また，絵本の読み聞かせの中で，養育者が登場人物の情動状態に言及しながら子どもに語りかけることもある。このような経験を通じて，子どもは情動の性質について学んでいくものと考えられる。

情動理解の萌芽は早期からみられ，乳児が他者の表情を区別したり，他者の情動表出に基づいて自身の行動を調節したりすること（Sorce, Emde, Campos, & Klinnert, 1985）や，言葉を話し始める前から自他の情動についてジェスチャーを用いて表現すること（Vallotton, 2008）が示されている。言語獲得を機に，表情やジェスチャーを通した情動表現だけでなく，言語を用いた情動表現が可能になるとともに，多様な情動の側面を理解するようになる。やがて，「今・ここ」で経験している情動だけでなく，過去や将来の情動についても考えることもできるようになる。本章では，言語を使用する２歳以降の発達に着目して，幼児期から児童期の情動理解について，情動語の使用，及び情動の諸側面の理解の発達とその個人差の２つの観点から論じる。

2　情動語の使用

子どもは，２歳前後から情動語を用いて自他の情動を表現するようになる（Dunn, Bretherton, & Munn, 1987）。子どもの情動語の使用は，情動の性質に関する萌芽的な理解に支えられているものであると推察される。幼児期を通して情動語の語彙数や使用頻度は増加する（浜名・針生, 2015; 岩田, 2015; Wellman, Harris, Banerjee, & Sinclair, 1995）。幼児の情動語の使用の個人差には，母親やきょうだいなどの家族メンバーの情動語の使用頻度が影響するとされる（Dunn et al., 1987; Dunn, Brown, Slomkowski, Tesla, & Youngblade, 1991）。乳児の表情写真を見ている際の母親と幼児の会話を分析した研究からは，母親がどの程度頻繁に情動語を用いるかだけでなく，いかに情動語を使用するか（例．情動語の使用の正確さ）が子どもの情動理解（例．表情のラベリング）を支えることが示唆されている（Denham, Cook, & Zoller, 1992）。

幼児は言語を獲得して間もない時期から情動語を使用するものの，最初から大人と同じ意味内容で用いているわけではない。はじめに，ポジティブ情動語とネガティブ情動語が区別できるようになり（例．喜びと悲しみ，喜びと怒り），やがてネガティブ情動内での違い（例．怒り，悲しみ，嫌悪，恐れ）を区別するようになっていく（Widen & Russell, 2010）。日本の幼児を対象とした研究からも，２歳クラスにおいては情動語の使い分けが曖昧であるものの，３，４歳クラスでポジティブな情動語とネガティブな情動語の使い分けがなされるようになり，５歳クラスでは複数のネガティブな情動語を区別して用いるようになることが明らかにされている（浜名・針生, 2015）。

また，幼児と養育者の間の情動に関する会話のあり方には，ポジティブ情動とネガティブ情動の間で違いがみられる。ラガチュタ（Lagattuta, K. H.）らの研究によると，過去の情動経験に関する会話には，ポジティブ情動よりも，ネガティブ情動の方がより頻繁に登場する。さらに，ネガティブ情動に関する会話はポジティブ情動に関する会話よりもオープンエンドなものであり，展開される会話の中で，より多くの情動語が話され，情動を引き起こす原因の精緻化がなされることが示されている（Lagattuta & Wellman, 2002）。こうした過去の情動経験に関する会話を行う中で，子どもは以前に感じた情動を再体験したり，情動を引き起こす原因について考えたり，また複数のネガティブ情動を区別したりする経験を積み，それによって情動理解が深まっていくものと考えられる。

3 情動の諸側面の理解の発達とその個人差

(1) 情動の諸側面の理解

前節で取り上げた情動語の使用からは，子どもがいかに情動の性質を理解しているかを垣間見ることができる。また，別の角度から，実験的な課題を用いて他者の情動理解を測定し，その発達を検討しようとする試みも多く行われている。情動理解には様々な要素があるが，ここではポンス（Pons, F.）らがまとめた情動理解の９つの側面（Pons & Harris, 2000）に沿ってその発達時期を概観する。ポンスらによると，これら９つの情動理解は３歳から11歳の間に大きく発達し（Pons, Harris, & de Rosnay, 2004），その難易度によって３つの階層に分けて捉えられる。最も難易度の低い１つ目の階層は，情動の外的側面に関する理解（①表情の理解，②情動の外的原因の理解，③情動と記憶の関連の理解），２つ目の階層は，情動の心的側面に関する理解（④情動と願望の関連の理解，⑤情動と信念の関連の理解，⑥隠された情動の理解），最も難易度の高い３つ目の階層は，情動の表象的側面に関する理解（⑦情動調整の方略に関する理解，⑧入り混じった情動の理解，⑨道徳的情動の理解）である（日本語のレビューとして，溝川，2018）。

図3-1，3-2，3-3には，幼児期から児童期にかけての階層ごとの情動理解（課題の正答率）の横断データを示した。なお，これらのデータは英国で収集されたものである。現在，筆者らは，ポンスらが開発した情動理解テスト（Test of Emotion Comprehension; Pons & Harris, 2000）の日本語版を作成し，日本の子どもにおける他者の情動理解の発達プロセスを検討している。その予備的データからは，情動理解の一部の側面において，理解のあり方や課題への通過順序に文化差が認められる可能性が示唆されている。

ただし，情動理解のいくつかの側面（表情，外的原因，隠された感情）の発達

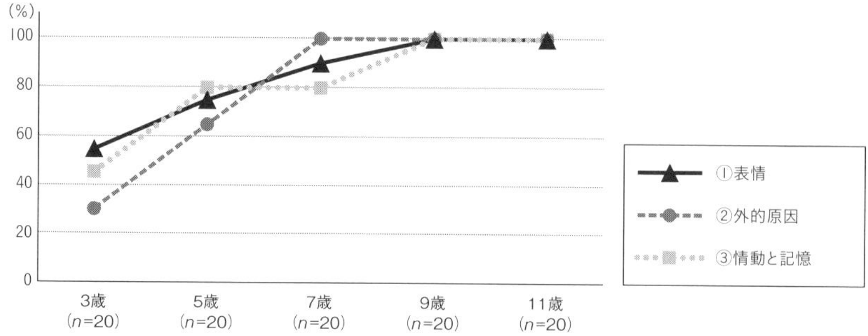

図3-1　情動の外的側面に関する理解

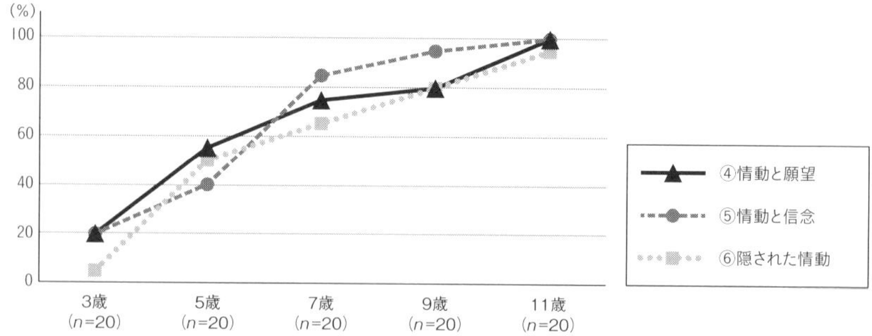

図3-2　情動の心的側面に関する理解

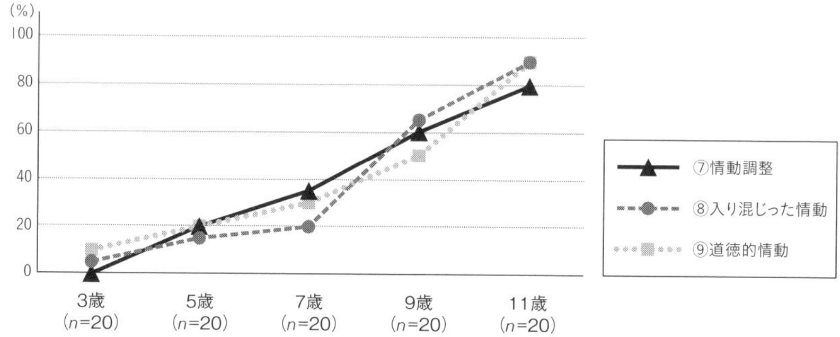

図3-3　情動の表象的側面に関する理解

図3-1,3-2,3-3　幼児期・児童期の情動理解の発達
(Pons et al., 2004のTable 2 のデータより作成)

について個別に調べた国内の研究からは，日本の子どもでもおおむね同時期にこれらの側面の情動理解を獲得していくことが示されている（例えば，溝川・子安, 2011；櫻庭・今泉, 2001; 笹屋, 1997）。

情動の外的側面に関する理解は，図3-1に示したように，幼児期に発達する。子どもは幼児期を通して，表情と情動語の対応（例．「笑顔」と「嬉しい」，「悲しみの表情」と「悲しい」）や，外的原因が自他の情動に影響を及ぼすこと（例．プレゼントをもらうと嬉しくなる），記憶が情動に影響を及ぼすこと（例．逃げたペットの写真を見ると悲しくなる）を理解するようになる。

情動理解は，表情と情動語の対応のようなルールの理解や，「この状況ではこの情動を感じる」といったスクリプトの獲得にはじまり，個人の心的状態（願望，信念，動機等）が情動に影響することの理解へと進んでいく。情動の心的側面に関する理解は，図3-2に示したように，幼児期から児童期中期にかけて発達する。子どもは児童期半ばまでに，同じ状況においても個人の願望によって喚起される情動が異なること（例．牛乳が飲みたいと思っている人とそうでない人では，牛乳を与えられたときに経験する情動が異なる）や，同じ状況においても個人の信念によって喚起される情動が異なること（例．箱の中に好物のお菓子が入っていると思いこんでいる人と，箱の中身が空っぽだと知っている人では，同じ箱を見たときに経験する情動が異なる）を理解する。また，情動表出が必ずしも内的な情動と一致しないこと（例．プレゼントをもらって笑顔を表出している人が本当はがっかりしていることもある）を理解するようになっていく。

情動の表象的側面に関する理解は他の階層の理解よりも遅く，図3-3に示したように，児童期を通して発達する。情動調整の方略やその効果（例．どのように悲しみを抑制するか），人が同時に複数の情動を経験し得ること（例．喜びと恐れを同時に感じる），道徳的情動（例．盗みをはたらいた人が罪悪感を経験する）の理解は，幼児には難しいものの，児童期後期になると大半の子どもが理解するようになる。

（2）情動理解の個人差

情動理解の発達研究は上述のような発達的道筋を明らかにしてきたが，その発達には個人差が存在する（e.g., Dunn, Brown, & Beardsall, 1991）。個人差の要因の１つとして，家庭における会話の役割が挙げられる。ダン（Dunn, J.）らの研究からは，家庭内での家族メンバーの情動に関する言及が多いほど，子どもの情動語の発話の頻度が高いこと，また，子どもの情動に関する発話の頻度が高いほど，情動をよく理解していることが示されている（e.g., Dunn et al., 1987; Dunn et al., 1991）。別の研究からは，発話の頻度だけでなく，情動に関する発話の質（例．情動の原因を考えることを促すような発話）が子どもの情動理解に結びつく可能性が示唆されている（Garner, Jones, Gaddy, & Rennie, 1997; Laible, 2004）。なお，家庭内での情動に関する会話の行われやすさには，養育者の特性（敏感性など）だけでなく，子ども自身の特性（共感性など）も影響しており，両者の相互作用によって家庭内の情動環境が作られていくと考えられる。

さらに，１歳過ぎから２歳台前半の子どもと母親の絵本の読み聞かせ場面での会話を分析した研究からは，子どもが成長するにつれて，会話内での心的状態に関する言及の内容が，願望に関する言及から思考や知識に関する言及へと変化することや，母親の心的状態に関する会話がその後の子どもの情動理解を予測することが明らかになっている（Taumoepeau & Ruffman, 2006; 2008）。他の心的状態と結びつけた形で情動が語られる会話を経験することを通して，子どもは徐々に情動の心的側面について理解していくのであろう。

近年では，情動理解の向上を目指した介入研究も行われ始めている。複数の研究から，情動に関する話し合いなどの訓練を通じて情動理解が促進されるといった効果が明らかになる一方で，介入後もなお，もともとの子どもの情動理解の個人差は消えないことも示されている（Ornaghi, Grazzani, Cherubin, Conte, & Piralli, 2015; Pons & Harris, 2005; Pons, Harris, & Doudin, 2002; Sprung, Münch, Harris, Ebesutani, Hofmann, 2015; Tenenbaum, Alfieri, Brooks, & Dunne, 2008）。

4　おわりに――情動理解と社会的行動

本章では，幼児期から児童期にかけての情動理解の発達的様相について概観した。子どもは，他者とのかかわりを通して情動語を獲得し，また，目には見ることのできない情動の性質についての理解を深めていく。

自他の情動を理解する能力は，様々な形で子どもの対人理解や社会的行動に影響する。自己が体験したネガティブ情動の原因を的確に認識し表現することのできる子どもは，周囲の人々に自らの情動状態を伝えることによって，より適切な援助を受けることができるであろう。その経験は，「他者は困ったときに自分を助けてくれる存在である」という対人理解につながり得るため，次に援助を必要とする場面に遭遇した際の行動（いかに助けを求めるか，あるいは求めないか）にも影響するものと考えられる。他方で，隠された情動や情動調整に関する理解に伴って，子どもは，自分自身が内的に経験しているネガティブ情動を隠し，他者に気づかれないようにすることも可能になる。そのため，情動表出と内的情動が概ね一致している３歳以前の子どもと比べると，４，５歳以降の幼児や児童の内的情動はより見えにくいものとなる。また，他者の情動に関する理解が進むと，相手が嫌な気持ちになることを回避するために自分自身の行動を調整したり，強がって笑顔を表出している仲間を心配して慰めたりする行動も見られるようになる。

情動理解と社会的行動の関連に関しては，これまでに多くの研究が積み重ねられ，情動の諸側面の理解に長けた子どもほど，ポジティブな社会的関係を築いていることが示されてきた。たとえば，表情を理解することのできる幼児ほど，仲間関係が良好で学校での適応が良く（Denham, Bassett, Way, Mincic, Zinsser, & Graling, 2012; Waiden & Field, 1990），仲間からの人気が高い（Edwards, Manstead, & MacDonald, 1984）。また，情動の外的原因を理解できる幼児ほど，仲間から人気があり（Cassidy, Parke, Butkovsky, & Braungart, 1992; Denham, McKinley, Couchoud, & Holt, 1990），その後の社会的スキルが高い（e.g., Denham et al., 2003）。さらに，情動の心的側面の理解に関しても，５歳時点での情動と信念のつながりの理解が，６歳時点での向社会的行動を予測し，それが７歳時点での仲間からの受け入れの高さを予測することが明らかになっている（Caputi, Lecce, Pagnin, & Banerjee, 2012）。

しかしながら，情動理解は必ずしも良好な社会的行動につながるわけではない。情動理解を含む社会的認知がニュートラルな社会的ツールであることは，かねてより指摘されている（Hughes, 2011）。たとえば，いじめの被害者や傍観者，周囲の大人たちがどのように感じ，どのように反応するかを鋭く分析できる子どもは，自分の印象を巧みに操作しながらいじめを実行し得る。実際に，いじめの首謀者の児童の社会的認知（情動理解を含む）が他の児童（いじめの追従者，被害者など）よりも長けていることを示す研究も存在する（Sutton, Smith, & Swettenham, 1999）。情動理解は，ポジティブな意味でもネガティブな意味でも，如才のない社会的行動と結びつくと言えよう。成人を対象とした研究からは，情動理解には長けているものの共感性の低い者が，困っている他者に対して「いい気味だから」という理由で介入しないことが示されている（溝川・子安，2017）。今後，情動理解の個人差に加えて，共感性等の個人差を加味して社会的行動の発達について詳細な検討を行っていくことが必要でとされる。

■付記　本章の執筆にあたり，科研費（19K03226）の助成を受けた。

【文　献】

Caputi, M., Lecce, S., Pagnin, A., & Banerjee, R. (2012). Longitudinal effects of theory of mind on later peer relations: the role of prosocial behavior. *Developmental Psychology, 48*, 257-270.

Cassidy, J., Parke, R. D., Butkovsky, L., & Braungart, J. M. (1992). Family-peer connections: the roles of emotional expressiveness within the family and children's understanding of emotions. *Child Development, 63*, 603-618.

Denham, S. A., Bassett, H. H., Way, E., Mincic, M., Zinsser, K., & Graling, K. (2012). Preschoolers' emotion knowledge: Self-regulatory foundations, and predictions of early school success. *Cognition & Emotion, 26*, 667-679.

Denham, S. A., Blair, K. A., DeMulder, E., Levitas, J., Sawyer, K., Auerbach-Major, S., & Queenan, P. (2003). Preschool emotional competence: Pathway to social competence?. *Child Development, 74*, 238-256.

Denham, S. A., Cook, M., & Zoller, D. (1992). 'Baby looks very sad': Implications of conversations about feelings between mother and preschooler. *British Journal of Developmental Psychology, 10*, 301-315.

Denham, S. A., McKinley, M., Couchoud, E. A., & Holt, R. (1990). Emotional and behavioral predictors of preschool peer ratings. *Child Development, 61*, 1145-1152.

Dunn, J., Bretherton, I., & Munn, P. (1987). Conversations about feeling states between mothers and their young children. *Developmental Psychology*, *23*, 132-139.

Dunn, J., Brown, J., & Beardsall, L. (1991). Family talk about feeling states and children's later understanding of others' emotions. *Developmental Psychology*, *27*, 448-455.

Dunn, J., Brown, J., Slomkowski, C., Tesla, C., & Youngblade, L. (1991). Young children's understanding of other people's feelings and beliefs: Individual differences and their antecedents. *Child Development*, *62*, 1352-1366.

Edwards, R., Manstead, A. S. R., & Macdonald, C. J. (1984). The relationship between children's sociometric status and ability to recognize facial expressions of emotion. *European Journal of Social Psychology*, *14*, 235-238.

Garner, P. W., Jones, D. C., Gaddy, G., & Rennie, K. M. (1997). Low-Income mothers' Conversations about emotions and their children's emotional competence. *Social Development*, *6*, 37-52.

浜名真以・針生悦子(2015). 幼児期における感情語の意味範囲の発達的変化. 発達心理学研究, *26*, 46-55.

Hughes, C. (2011). *Social understanding and social lives: From toddlerhood through to the transition to school*. Hove, UK: Psychology Press.

岩田美保(2015). 園での仲間遊びにおける幼児の感情語への言及: 3, 4, 5 歳児クラスのデータ分析. 千葉大学教育学部研究紀要, *63*, 1-6.

Lagattuta, K. H., & Wellman, H. M. (2002). Differences in early parent-child conversations about negative versus positive emotions: Implications for the development of psychological understanding. *Developmental Psychology*, 38, 564-580.

Laible, D. (2004). Mother-child discourse in two contexts: Links with child temperament, attachment security, and socioemotional competence. *Developmental Psychology*, *40*, 979-992.

溝川藍(2018). 感情認知. 尾崎康子・森口佑介(編).『発達科学ハンドブック第9巻 社会的認知の発達科学』. 新曜社. Pp.181-191.

溝川藍・子安増生(2011). 5, 6 歳児における誤信念及び隠された感情の理解と園での社会的相互作用の関連. 発達心理学研究, *22*, 168-178.

溝川藍・子安増生(2017). 青年期・成人期における共感性, 情動コンピテンスと道徳性の関連. 教育心理学研究, *65*, 361-374.

Ornaghi, V., Grazzani, I., Cherubin, E., Conte, E., & Piralli, F. (2015). 'Let's talk about emotions!'. The effect of conversational training on preschoolers' emotion comprehension and prosocial orientation. *Social Development*, *24*, 166-183.

Pons, F., & Harris, P. (2000). *Test of Emotion Comprehension: TEC*. University of Oxford.

Pons, F., & Harris, P. (2005). Longitudinal change and longitudinal stability of individual differences in children's emotion understanding. *Cognition & Emotion*, *19*, 1158-1174.

Pons, F., Harris, P. L., & de Rosnay, M. (2004). Emotion comprehension between 3 and 11 years: Developmental periods and hierarchical organization. *European Journal of*

Developmental Psychology, 1, 127-152.

Pons, F., Harris, P. L., & Doudin, P. A. (2002). Teaching emotion understanding. *European Journal of Psychology of Education, 17*, 293-304.

櫻庭京子・今泉敏(2001). 2-4歳児における情動語の理解力と表情認知能力の発達的比較. 発達心理学研究, *12*, 36-45.

笹屋里絵(1997). 表情及び状況手掛かりからの他者感情推測. 教育心理学研究, *45*, 312-319.

Sorce, J. F., Emde, R. N., Campos, J. J., & Klinnert, M. D. (1985). Maternal emotional signaling: Its effect on the visual cliff behavior of 1-year-olds. *Developmental Psychology, 21*, 195-200.

Sprung, M., Münch, H. M., Harris, P. L., Ebesutani, C., & Hofmann, S. G. (2015). Children's emotion understanding: A meta-analysis of training studies. *Developmental Review, 37*, 41-65.

Sutton, J., Smith, P. K., & Swettenham, J. (1999). Social cognition and bullying: Social inadequacy or skilled manipulation?. *British Journal of Developmental Psychology, 17*, 435-450.

Taumoepeau, M., & Ruffman, T. (2006). Mother and infant talk about mental states relates to desire language and emotion understanding. *Child Development, 77*, 465-481.

Taumoepeau, M., & Ruffman, T. (2008). Stepping stones to others' minds: Maternal talk relates to child mental state language and emotion understanding at 15, 24, and 33 months. *Child Development, 79*, 284-302.

Tenenbaum, H. R., Alfieri, L., Brooks, P. J., & Dunne, G. (2008). The effects of explanatory conversations on children's emotion understanding. *British Journal of Developmental Psychology, 26*, 249-263.

Vallotton, C. D. (2008). Signs of emotion: What can preverbal children "say" about internal states?. *Infant Mental Health Journal, 29*, 234-258.

Waiden, T. A., & Field, T. M. (1990). Preschool children's social competence and production and discrimination of affective expressions. *British Journal of Developmental Psychology*, 8, 65-76.

Wellman, H. M., Harris, P. L., Banerjee, M., & Sinclair, A. (1995). Early understanding of emotion: Evidence from natural language. *Cognition & Emotion, 9*, 117-149.

Widen, S. C., & Russell, J. A. (2010). Differentiation in preschooler's categories of emotion. *Emotion, 10*, 651-661.

第4章　情動制御の発達とそのメカニズム

榊原良太

1　はじめに

子どもは成長とともに，自身の情動をコントロールできるようになる。このような「情動制御（emotion regulation）」とその発達は，人の心理社会的な適応を規定する要因として，長らく注目されてきた。本章では，子どもの情動制御発達の道筋，そしてそこに関与する要因について，様々な実証研究をもとに俯瞰する。

2　情動制御発達の道筋をたどる

（1）乳児期における情動制御発達

生まれたばかりの乳児は，自らの情動を適切に制御するために必要な，身体的・認知的・生理的機能が未発達である。そのため，養育者が乳児の情動を推測しながら，抱っこをしたり，おむつを替えてあげたりすることで，乳児の情動を制御してあげる必要がある。

一方，乳児は必ずしも，ただ受動的に情動を制御されるだけの存在ではない。たとえば，生後1か月頃になると，乳児は指をしゃぶったり，口元を触ったりするなどの，自己慰撫的な行動をとるようになる。最初はただ偶然にとった行為であっても，徐々にそれが，自身の不快な情動を和らげることを学習していく（遠藤, 1992）。また，不快な対象から注意をそらしたり，逆に快をもたらす対象に注意を向けたりする，一種の「気晴らし」を徐々に行うようになる。

こうした乳児の能動的な行為は，養育者からの働きかけを促すことへとつながる。たとえば，乳児からじっと見つめられることで，養育者は「あやしてほしいのかな」「不快なことでもあるのかな」というように，自然と乳児の心的状態を推測し，何らかの働きかけをするよう動機づけられる。また，６か月頃になると，養育者が抱っこをしてあやしてくれないと，より声をあげて泣き，養育者からの働きかけを引き出そうとする反応が見られる（Lamb & Malkin, 1986）。このように，乳児は能動的に養育者からの働きかけを引き出しているが，それは必ずしも意図的なものではなく，結果的に養育者からの働きかけを促し，知らず知らずのうちに情動が制御されているもの，としてみなす方が妥当であるだろう（遠藤, 2002）。

（2）幼児期における情動制御発達

１歳から２歳の間に，情動制御は受動的なものからより能動的なものへと移行していく。たとえば，１歳を過ぎる頃には，歩行能力の獲得により，それまでよりも自由な移動が可能となる。それによって，何か不快なことがあれば，すぐさまその対象から離れ，養育者のもとへ自ら駆け寄り，慰めてもらえるようになる。また，認知能力の発達に伴い，何が自分の情動を引き起こしているのかという，出来事の因果関係の理解が正確になり，直接その原因に働きかけるといった対処が可能となる。こうした様々な発達の中でも，とりわけ，この時期の情動制御発達に大きな影響を与えるのは，言語能力の発達であるだろう。

２歳頃から，子どもの言語能力が著しく向上するが，それに伴い，自らの情動やそれをめぐる周囲の状況・環境を言語化することが可能となる。自分が今，どういう気持ちなのか，そしてその気持ちをどうしたいのか，それを養育者へ直接伝えることで，適切なサポートを引き出すことができる。また，自分自身との対話が可能となり，情動を生じさせている状況や，情動を経験している自分自身への理解を深め，適切な情動制御へとつなげることができるようになる（Bretherton, Fritz, Zahn-Waxler, & Ridgeway, 1986）。

３歳頃から５歳頃にかけて，自身の思考や行動を抑制する能力である「抑制機能」が急速に発達する。そのため，この時期になると，かんしゃくを起こしたり，怒りや悲しみのままに泣き叫んだりすることは，それまでと比べて減少していく。また，言語能力や抑制機能の発達と相まって，情動やその制御に関する社会的なルールが徐々に身に付き，状況に応じた適切な情動の表出ができるようになる。子どもにとって魅力的ではないプレゼントを渡したときの反応を見る「期待外れのプレゼント課題」では，３歳児においても送り主に対してがっかりした表情を見せず，６歳児においては笑顔を見せたり，「ありがとう」と言ったりするという反応が報告されている（Cole, 1986）。

（3）児童期・思春期における情動制御発達

小学校へ入学すると，学校というそれまでよりも厳しい社会的なルールが存在する環境で，自分と年齢の近い他者（以下「友人」とする）と多くの時間を過ごすこととなる。この段階では，既にある程度の情動制御能力は獲得されつつあるものの，学校という場においてそれまでの情動制御スタイルがそのまま適用できるとは限らない。そのため，子どもは教師や友人との関わりを通して，自身の情動制御を状況・環境に適したものへと社会化（socialization）していく。

また，児童期以降，記憶や思考などの認知機能を活用した，より複雑かつ効果的な情動制御が行われるようになる。特に６～８歳頃から，自身が直面している状況を解釈し直す（例.「１回くらい失敗したってみんなすぐに忘れちゃうだろう」），「認知的再評価」と呼ばれる方略が用いられるようになる。認知的再評価は，ネガティブ情動を効果的に低減させ，長期的な精神的健康へも寄与することが知られている（e.g., Gross, 2013）。子どもの認知的再評価に関する研究は相対的に少ないものの，成人の場合と同様にその適応性が示されており（Davis & Levine, 2013），情動の揺れ動きや環境の変化が特に大きいと言われる思春期において，精神的健康を維持する重要な役割を果たしている。

ただし，この認知的再評価の発達は，思いのほか複雑な様相を示す。たとえば，日常の中で認知的再評価をどの程度使用するか，すなわち「使用傾向」に関しては，児童期から思春期にかけてそれほど変化が見られない（Gullone & Taffe, 2011）。また，認知的再評価によってどれくらいネガティブ情動が低減するかという，「能力（あるいは「成功」）」に関しても，年齢との関連性は研究によって様々であり，14歳から17歳において最も低くなるという知見も得られている（McRae, Gross, Weber, Robertson, Sokol-Hessner, Ray, Gabrieli, & Ochsner, 2012）。このように，実証研究自体の少なさもあり，特に思春期における認知的再評価の発達については，未だ十分に解明されていない点が多く，今後の研究の進展が望まれる。

3　情動制御発達と養育

情動制御発達を支える要因として，これまで最も注目を集めてきたのは，親をはじめとする養育者からの「養育」であると言えるだろう。モリス（Morris, A.S.）らは，養育がいかに子どもの情動制御発達に影響を与えるかについて，3つのプロセスを提案している（Morris, Silk, Steinberg, Myers, & Robinson, 2007）。1つ目は，養育者の日々の情動の表出・経験，そしてその制御を，子どもが直接見て学ぶ，「観察・モデリング」。2つ目は，子どもの情動に対する養育者の働きかけである，「養育行動」。そして3つ目は，家庭内における情動の経験・表出，そしてそれがつくりだす雰囲気である，「情動的風土」である。以下，それぞれについて，実際の知見を踏まえながら見ていこう。

（1）観察・モデリング

子どもは，養育者の日々の行動を観察・モデリングすることで，多くのことを学習していくが，それは情動やその制御においても例外ではない。たとえば，養育者が日常的にポジティブな表出をしている場合，子どもも同様にポジティブな表出を，逆にネガティブな表出をしている場合，同じく子どももネガティブな表出をしやすくなる。また，養育者が認知的再評価や「抑制」（表情や内的情感などの情動反応を抑え込もうとする方略）を用いる傾向が高い場合，子どももそれぞれの方略を用いる傾向が高いという（Gunzenhauser, Fäsche, Friedlmeier, & von Suchodoletz, 2014）。さらに，抑うつ傾向が高い，あるいはうつ病と診断されている養育者の子どもは，そうでない子どもと比べて，相対的に不適応的な情動制御方略を用いがちであることが知られている。これは，効果的な方略を観察・モデリングする機会が少なく，場合によっては不適応的な方略を学習してしまうことに起因すると考えられるだろう。

（2）養育行動

子どもの情動に対する養育行動は，情動制御発達に深く関与するものとして注目されてきた。一般的に，子どもの情動に対して，それを受容し，ネガティブなものであれば慰め，一緒に問題解決をするような支持的な養育行動は，子どもの健全な情動制御発達に寄与するが，逆に子どもの情動を受容せず，養育者自身が困惑し，さらには子どもに罰を与えるような非支持的な養育行動は，情動制御発達を妨げることが知られている。また，子どもに対してより直接的に，情動やその制御についてコーチングすること（emotion coaching）の効果も検討されている。思春期の子どもを対象とした研究（Criss, Morris, Ponce-Garcia, Cui, & Silk, 2016）では，子どもが怒り・悲しみを経験したとき，養育者がそれについてたずね，理解し，そして解決を手助けすることが，子どもの怒り・悲しみの高い制御能力と関連していることを明らかにしている。

（3）情動的風土

養育者の情動は，それが子どもへ直接向けられるものでなくとも，家庭内の情動的風土を通じて子どもに影響を及ぼす。その代表的なものとして挙げられるのが，夫婦間の葛藤であろう。日常的に夫婦間での諍いが絶えない場合，子どもは日々，家庭内で不穏な空気にさらされる。実際に，怒りや暴力を伴う夫婦間の葛藤は，子どもの情動制御発達を妨げ，後の精神的健康の低下や行動上の問題（非行）を生じさせる（Davies & Cummings, 1998）。

また，この情動的風土を反映するものとしてモリスらが挙げているのが，養育者と子どもの間のアタッチメントである（Morris et al., 2007）。養育者は，生後間もないときから，子どもの情動に対して，それをあやしたり，慰めたりするなどの働きかけを行う。スルーフ（Sroufe, L.A.）は，子どもの情動を養育者がいかに制御するか，幾度となく繰り返されるその営みの歴史こそが，アタッチメントを形成すると指摘している（Sroufe, 1996）。こうした養育者と子どもの間の情動をめぐる様々なやり取りは，上述の観察・モデリングや養育行動をも含むものであり，その意味でアタッチメントは，情動的風土のカテゴリーのみに含まれるものというよりも，子どもと養育者のあらゆる相互作用を反映するものとして捉えられるだろう※注。

4　情動制御発達と保育・学校

子どもは家庭「内」だけでなく，家庭「外」においても様々な経験をする。近年，社会的なニーズの高まりもあり，子どもの発達における保育の役割を改めて問う向きが活発である。また，就学後は，学校などの家庭外の環境に身を置く時間が増加することから，友人や教師との関わりが持つ影響も無視できないだろう。そこで本節では，保育・学校という文脈に焦点を当て，そこでの経験が子どもの情動制御発達にいかに寄与するかについて，見ていくこととする。

（1）保育における情動制御発達

アメリカ国立小児保健・人間発達研究所（The National Institute of Child Health and Human Development）の長期追跡調査により，質の高い保育は，情動制御をはじめとした子どもの社会情緒的な能力の発達に寄与することが報告された。このような保育のポジティブな影響は，保育者との間で独自に形成されるアタッチメントが，そのベースにあると考えられる。養育者から離れた子どもは，園という環境の中で，たくさんの同年代の子どもたちと関わったり，様々な活動に取り組んだりする。仮に保育者との間に良好なアタッチメントが築かれていなければ，安心してそうした活動に没頭することができない。また辛い目にあったときも，保育者がアタッチメント対象となっていれば，養育者の代わりに慰めてもらうことができる。このように，保育者との間の良好なアタッチメントにより，子どもは安心して園内で様々な経験をすることが可能と

※注　養育と情動制御発達の関連を示した研究に関して，留意すべき点が2つある。1つ目は，遺伝的要因の関与である。情動制御方略によっては，ある程度の遺伝的要因の関与が認められている（たとえば「抑制」の遺伝率はおよそ35％（McRae, Rhee, Gatt, Godinez, Williams, & Gross, 2017））。そのため，遺伝的要因が統制されていない場合，本来よりも養育の効果が過大に推定されている可能性がある。2つ目は，養育者が自身と子どもの両方の情動制御について回答しているケースである。特に両方で同じ尺度を使用している場合，当然ながら相関は本来よりも大きくなる傾向にある。また，養育者が持つ子どもへの期待（たとえば「私はしっかり情動を制御できるから，私の子どももできるだろう」）も，回答に影響を与える可能性がある。これらの点に留意した上で，慎重に結果を解釈する姿勢が求められる。

なる。そして，そうした経験を通じて，子どもは情動制御をはじめとした社会情緒的な能力を獲得していく（Mitchell-Copeland, Denham, & DeMulder, 1997）。

また，園内において，保育者は実際の養育者と同じように，様々な「養育」を行う。そのため，先述のモリスらが提唱した3つのプロセスは，保育という場においても同様に当てはまると考えられるだろう。

（2）学校における情動制御発達

学校という場においては，それまで以上に友人との関係性が重要となる。先に触れたように，家庭内で行っている情動制御（例.「すぐに養育者に助けてもらう」「ゲームをして気晴らしをする」）は，必ずしも学校でそのまま適用できるわけではない。また，自身の情動ばかりを優先していると，友人との良好な関係構築に支障をきたしてしまうおそれもある。トンプソン（Thompson, R.A.）らは，このような日々幾度となく情動制御を求められる環境こそが，子どもの情動制御発達を促すと指摘している（Thompson & Goodman, 2010）。

教師もまた，子どもの情動制御発達へ影響を与える存在であると考えられる。養育者や保育者と同じく，情動制御のモデルとなること，また直接的に情動制御についてコーチングをすることが可能である。さらに，子どもは教師との間にもアタッチメントを形成することが指摘されており，教師が子どもにとっての「安全な避難所（safe haven）」や「心の安全基地（secure base）」として機能し，情緒的な側面から子どもの学校生活を支えていることが示されている（Verscheren & Koomen, 2012）。

5 おわりに

本章では，子どもの情動制御発達がどのような道筋をたどるのか，そしていかなる要因がそこに関与するのかという点について，現在までの研究をもとに俯瞰した。特に本章では，養育と保育・学校という，家庭内外の環境が持つ影響に注目したわけであるが，いずれも健全な情動制御発達を考える上では欠かせない存在であることが，より明確となったと言えるだろう。

なお，紙幅の都合上，詳細に論じることができなかったが，子どもの「気質」が情動制御発達へ関与すること（詳しくはRothbart, Sheese, & Posner (2014)を参照），また近年，生涯発達の観点から，成人期以降の情動制御発達にも注目が集まっていること（Carstensen, 2009）を，補足しておきたい。いずれも重要な視点であることから，併せてその動向に目を向けていく必要があるだろう。

【文　献】

Bretherton, I., Fritz, J., Zahn-Waxler, C., & Ridgeway, D. (1986). Learning to talk about emotions: A functionalist perspective. *Child Development*, 57, 529-548.

Carstensen, L.L. (2009). The influence of a sense of time on human development. *Science*, 312, 1913-1915.

Cole, P.M. (1986). Children's spontaneous control of facial expression. *Child Development*, 57, 1309-1321.

Criss, M.M., Morris, A.S., Ponce-Garcia, E., Cui, L., & Silk, J.S. (2016). Pathways to adaptive emotion regulation among adolescents from low-income families. *Family Relations*, 65, 517-529.

Davies, P.T., & Cummings, E.M. (1998). Exploring children's emotional security as a mediator of the link between marital relations and child adjustment. *Child Development*, 69, 124-139.

Davis, E.L., & Levine, L.J. (2013). Emotion regulation strategies that promote learning: Reappraisal enhances children's memory for educational information. *Child Development*, 84, 361-374.

遠藤利彦．(1992)．情動とその制御．無藤　隆(編)，別冊発達15 現代発達心理学入門(pp82-98)．ミネルヴァ書房．

遠藤利彦．(2002)．発達における情動と認知の絡み．高橋雅延・谷口高士(編)，感情と心理学：発達・生理・認知・社会・臨床の接点と新展開(pp2-40)．北大路書房．

Gross, J.J. (2013). Emotion regulation: Taking stock and moving forward. *Emotion*, 13, 359-365.

Gullone, E., & Taffe, J. (2011). The Emotion Regulation Questionnaire for Children and Adolescents (ERQ-CA): A psychometric evaluation. *Psychological Assessment*, 24, 409-417.

Gunzenhauser, C., Fäsche, A., Friedlmeier, W., & von Suchodoletz, A. (2014). Face it or hide it: Parental socialization of reappraisal and response suppression. *Frontiers in Psychology*, 4, 992.

Lamb, M.E., & Malkin, C.M. (1986). The development of social expectations in distress-relief

sequences: A longitudinal study. *International Journal of Behavioral Development*, 9, 235-249.
McRae, K., Gross, J.J., Weber, J., Robertson, E.R., Sokol-Hessner, P., Ray, R.D., Gabrieli, J.D.E., & Ochsner, K.N. (2012). The development of emotion regulation: An fMRI study of cognitive reappraisal in children, adolescents and young adults. *Social Cognitive and Affective Neuroscience*, 7, 11-22.
McRae, K., Rhee, S.H., Gatt, J.M., Godinez, D., Williams, L.M., & Gross, J.J. (2017). Genetic and environmental influences on emotion regulation: A twin study of cognitive reappraisal and expressive suppression. *Emotion*, 17, 772-777.
Mitchell-Copeland, J., Denham, S.A., & DeMulder, E.K. (1997). Q-sort assessment of child-teacher attachment relationships and social competence in the preschool. *Early Education and Development*, 8, 27-39.
Morris, A.S., Silk, J.S., Steinberg, L., Myers, S.S., & Robinson, L.R. (2007). The role of the family context in the development of emotion regulation. *Social Development*, 16, 361-388.
Rothbart, M.K., Sheese, B.E., & Posner, M.I. (2014). Temperament and emotion regulation. In J.J. Gross (Ed.), *Handbook of emotion regulation* (pp. 305-320). New York: Guilford Press.
Sroufe, L.A. (1996). Emotional development: The organization of emotional life in the early years. New York: Cambridge University Press.
Thompson, R.A., & Goodman, M. (2010). Development of emotion regulation: More than meets the eye. In A. Kring, & D. Sloan (Eds.), *Emotion regulation and psychopathology* (pp. 38-58). New York, NY: Guilford.
Verschueren, K., & Koomen, H.M.Y. (2012). Teacher-child relationships from an attachment perspective. *Attachment and Human Development*, 14, 205-211.

第5章　情動知性の発達とそのメカニズム：批判的検討

石井佑可子

1　はじめに

この章ではタイトルの通り，「情動知性の発達とそのメカニズム」について取り上げるわけだが，実は少々の困難があることを最初に断っておかなければならない。なぜなら，情動知性そのものの発達を追った知見はほとんど見られないからである。その理由には，情動知性がどのように概念化され，どのような需要で研究・考察・応用されてきたかが深くかかわっている。そこで本章では，まずは情動知性概念成立と，その後の流れについて簡単に述べ，情動知性研究において発達メカニズム解明がどのように扱われてきたのか（こなかったのか）について批判的に整理し，今後の研究に向けた課題を提示することに主眼を置く。なお，後ほど情動知性に４つの部門があることを示したモデルを紹介するが，このうち，情動知覚や同定，情動理解，情動管理（制御）部門についてはそれぞれ固有の領域をなして数多く発達研究が蓄積されている。そのため，それらについては，関連する本書の他章についても参照されたい。

2　情動知性研究の流れと，その応用分野

情動知性が体系的に概念化されたのは1990年のサロヴェイとメイヤー（Salovey & Mayer）によるもので，その定義は何度か修正されているが，「情動について判断する能力や，思考を高める情動の能力であり，正確な情動知覚，思考を助ける情動へのアクセスやその生起，情動に関する知識の理解，情動的・知的な成長を促進するために思慮深く情動を制御する能力など」とされている（Mayer, Salovey & Caruso, 2004）。彼らは情動知性が４つの部門からなるとす

る４枝モデル（Four Branches Model）を考案している。このモデルによると，情動知性は自他の情動を正しく知覚する「①情動知覚・同定」，情動情報を利用して思考を進める「②情動による思考の推進」，情動についての知識を持ち，情動の持つ情報を理解する「③情動理解」，特定の情動を回避したり，自己の平静の為に価値判断をし直したりする「④情動管理」によって構成されており，①から④へ進むにつれて処理レベルが高次になっていくという（Mayer & Salovey, 1997）。

メイヤーは情動知性概念提案に至った経緯として，それまで別々になされてきた知能研究と情動研究との間に1970年代頃から交流が始まり，「認知と感情（思考と情動）」という新たな分野が統合されたことを挙げている（Mayer, 2006）。具体的には，情動が思考に与える影響の研究や，感情を理解するシステムを開発しようとする人工知能研究者らが感情に関する基本的法則を知ろうとしたことなどが例示されているが，このような流れをみるに，情動知性の概念化時に発達的視点は持たれていなかったことがうかがえる。

情動知性はその後，サイエンスライターのゴールマン（Goleman）が一般向けの書籍（Goleman, 1995　土屋訳，1998）で取り上げたことによって，一気に人口に膾炙することになった。この著書の中でゴールマンは，情動知性が知的能力（IQ）よりも重要であることを度々強調し，情動知性が様々な能力の大元であるかのような表現をしている「…言語と数学の能力を中心に据えた古いIQの概念は狭すぎる，IQの高さは学校生活や学究生活での成功を予言してくれるかもしれないが実生活では学問から遠ざかるほど意味を持たなくなる…結局，人格的知性（あるいはEQ）の重要性に改めて気づかされることになる。（文庫版p85）」「IQとEQの割合によって，人間は様々な特徴をミックスした性質を持つわけだ。とはいっても，やはり，人間を人間らしい存在にする働きはEQの方がはるかに強い…（文庫版p90）」「才能を生かすも殺すもEQ次第なのだ。その意味で，EQは才能の総元締めといえる（文庫版p153）」）[※注1]。また同年に情動知

※注1　情動知性は，一般向けにはEQと表現されているが，これはおそらくTIME誌が初出と思われる。Goleman（1995）ではEmotional Intelligenceの語を使用していたが，日本語訳ではすべてEQと訳されている。

性を特集したTIME誌も「情動知性は人生における成功を最もよく予測する」とはっきり謳っている（Gibbs, 1995）。そのため，情動知性概念は一般大衆の耳目を大いに集めた。さらに，ゴールマンがEQは後天的に獲得することが可能だ（「EQのかなりの部分は脳が学習した習慣や反応であり，正しい方向で努力すれば矯正し向上させることが可能だ（文庫版p87）」）と主張したことも，この概念が歓迎された要因の一つであろう。ただし，ゴールマンが上述のような主張をした時点では，情動知性と種々の適応との関連が明確に実証されていなかった（現在でも，特に客観的な適応指標と情動知性との関連については明らかでないという指摘がなされている（Matthews et al., 2012））。堅実な実証研究に裏打ちされていたわけではない主張は，やがて情動知性概念の定義（ゴールマンが考案したものも含む）自体についても，サクセスパーソンになるための要件から逆算したような，非科学的で，理論的根拠を持たない怪しげなものを乱立させることにつながってしまった。

しかし，ビジネスの分野では，こうした耳触りの良い魅力的な文言を受けて，情動知性概念を積極的に取り入れようとした。企業経営者やビジネスマンは情動知性概念への関心を募らせ，情動知性の育成を目的とした人材育成プログラムが多数考案された※注2（e.g., Matthews et al., 2012）。その詳細は措くとして，ここでもやはり，情動知性概念は成人期の，しかも特定領域におけるもののみが注目されており，発達的変遷へは目が向けられていなかったことがみてとれる。

一方，ビジネス界以外にも情動知性概念を熱心に導入した業界があった。それは子どもの教育現場である。イライアス（Elias）は，「子どもや大人が，社会性と情動の能力を獲得するために必要なスキル，態度，価値観を発達させる過程」を社会性と情動の学習（Social and Emotional Learning : SEL）とし，これ

※注2　こうした風潮に対してサロヴェイやメイヤーらは，自分たちが元々想定していた情動知能概念とはかけ離れた概念が多くあると批判している（Mayer, 2006など）。彼らは情動知性を知能の一つとして位置付けているので，情動知性はあくまでも能力として考えるべきなのにも関わらず，巷間に広まっている情動知性のモデルは，能力も特性も一緒くたになった混合モデルだとしている。なお，情動知性概念には，もう一つ，情動知性を個人の情動知覚の特性と捉える特性モデルも存在するが，紙面の都合上ここでは扱わない。

を促進することで学業面や個人的生活での真の成功に到達できると述べた（Elias, 1997　小泉編訳，1999）。そして，SELの様々なスキルを統合する概念として，情動知性を挙げている。さらに，イライアスら（2006）では情動知性をSELスキルのまとまりとして形成されるものと記し，その後はSELと情動知性を併記してこれらをほぼ同義のように扱っている。彼はSELの共通枠組みを用いることで，子どもたちの様々な問題に対する予防プログラムを共同で作用させることができると述べた。メタ分析の結果からは，SELに関する種々の介入を受けた子どもたちは社会情動的スキルや学業成績が有意に向上するなど，複数の効果が報告されている（Durlak et al., 2011）。

このように教育実践においてSELが多く実施されているのであれば，情動知性発達の様相について把握することは必然的であり，当然研究がなされているだろうと考える向きもあるかもしれない。実際，イライアスら（2006）のガイドラインでは，SELプログラムは発達的・文化的に適切なものであるべきと示されている。しかし，SELの実態はというと，情動に関する内容がプログラムによってまちまちであることや，理論的な根拠がないまま，つまり情動知性の起源や発達プロセスの検証がなされない状態で経験則による実践のみが進行しているものもあることなどが指摘されている（e.g. Matthews et al., 2007; 2012）。また，学校環境という限られた場所で，特別にプログラムを実施して情動知性を教育するSELの性質を考えると，子どもたちがごく当たり前の日常の中で，どのようにして情動的に知的な存在へと育っていくのかという，情動知性の標準的発達軌跡については明らかにされていないのが現状のようである（Zeidner et al., 2003；Reissland, 2012）。

ここまでの情動知性をめぐる流れを振り返ると，情動知性は人生における重要性や後天的獲得に熱い注目が集まっている割には，それがどのように萌芽・醸成されていくかの道筋に関する実証研究は殆どなされていないという事実が浮かび上がってくる。ただし，メイヤーらが一時期，情動知性の発達について考えていたことは明記しておかなければならないだろう（Mayer et al., 1999）。彼らは情動知性が真の知性になるための要件の一つに情動知性が年齢と共に高くなっていくということを掲げており，自分たちが開発した情動知性テスト

(MEIS※注3) の一部を使用して青年期と成人期の比較をしたところ，成人サンプルの方が青年サンプルよりも得点が概ね高かったと報告している。また，1997年時点で提案された4枝モデルでは，発達的視点を含めた考察も行われている(図5-1)。彼らによると，各部門に記されているボックスは，左にあるものほど発達早期に出現する能力で，発達が進むにつれて右の能力が現れる (Mayer & Salovey, 1997)。とはいえ，この想定は実証研究などに基づいたものではないようである。加えて，ボックスの位置によって発達の順序が示されてはいるが，そもそも，各ボックスの能力が何歳くらいになると獲得されるのかといった具体的な発達段階との関連については明言されていない。さらに最近のモデルでは，発達に関する言及が一層抽象的になっており，「各部門のスキル群は発達的に高度な課題へと進む」と表現されるにとどまっている (Mayer et al., 2016)。

3　情動研究者からの指摘

さて，ここまで述べてきた情動知性をめぐる，いわば狂騒ともいうべき状態について幾分冷ややかな眼を向けてきたのは，情動研究者らであった。彼らは，情動知性概念の定義や測定方法がまちまちで，科学的研究に耐えうるだけの妥当性があるかは疑わしいことや，(一般向けの非科学的なものだけではなく，概念提唱者のサロヴェイらでさえも) 情動研究が明らかにしてきた情動理論を軽視しており，情動の機能自体への考察を欠いていることを幾度となく指摘してきた (e.g.Izard, 2001; Zeidner et al., 2009)。

こうした姿勢は情動知性発達の考察においても同様のようである。たとえば，情動コンピテンスの発達を追究しており，情動知性関連の書籍へも度々寄稿しているサーニ (Saarni) は，情動知性の有用性は認めつつも，この概念には共感や対人的なものへの注目や道徳性への考察が欠けていることを指摘しており，情動知性は彼女が考えている情動コンピテンスとは異なるものだと強調している (Saarni, 1999；佐藤監訳, 2005)。サーニは情動発達と社会的発達は分離不

※注3　現在使用されているMSCEITの前身となるテスト。MSCEITと同じく4枝モデルに対応したテストである。

可能と考えていて，対人的交流の経験と（その際に）感じた情動の結びつきを本人が学習することが情動発達において重要とする立場をとっている。表5-1は彼女がまとめた，社会的かかわりに関する情動経験にとって発達的に節目となる

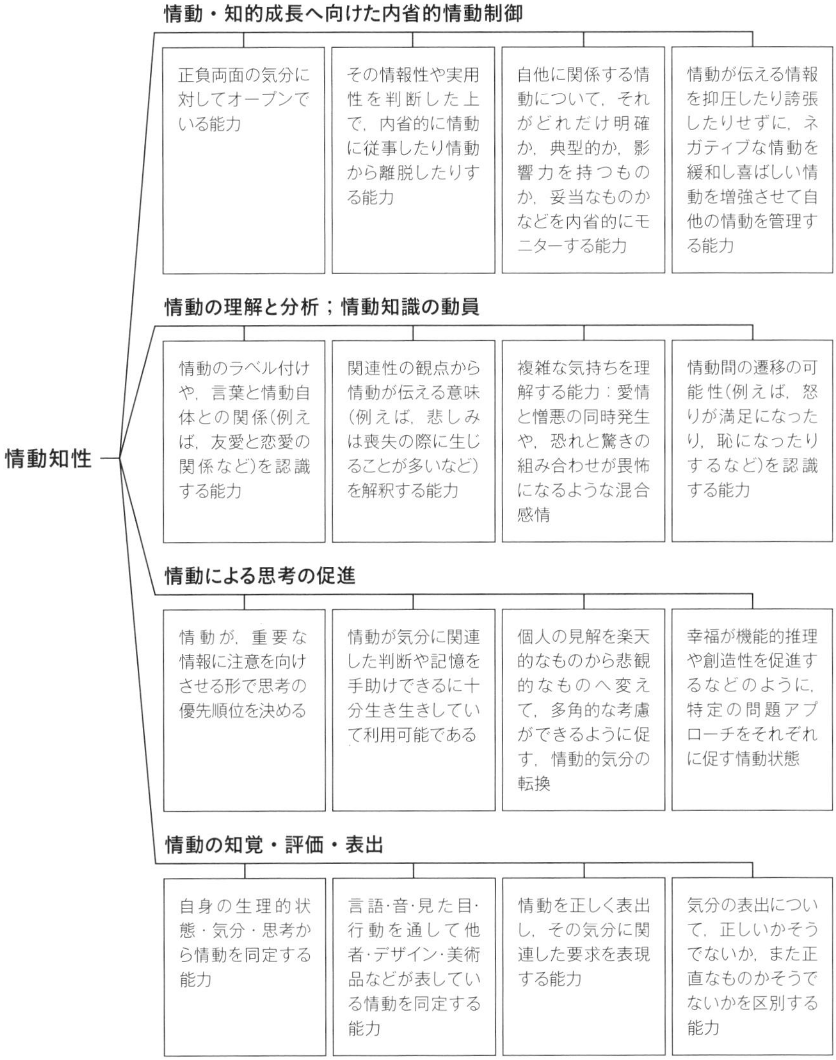

情動・知的成長へ向けた内省的情動制御
正負両面の気分に対してオープンでいる能力
その情報性や実用性を判断した上で，内省的に情動に従事したり情動から離脱したりする能力
自他に関係する情動について，それがどれだけ明確か，典型的か，影響力を持つものか，妥当なものかなどを内省的にモニターする能力
情動が伝える情報を抑圧したり誇張したりせずに，ネガティブな情動を緩和し喜ばしい情動を増強させて自他の情動を管理する能力
情動の理解と分析；情動知識の動員
情動のラベル付けや，言葉と情動自体との関係(例えば，友愛と恋愛の関係など)を認識する能力
関連性の観点から情動が伝える意味(例えば，悲しみは喪失の際に生じることが多いなど)を解釈する能力
複雑な気持ちを理解する能力：愛情と憎悪の同時発生や，恐れと驚きの組み合わせが畏怖になるような混合感情
情動間の遷移の可能性(例えば，怒りが満足になったり，恥になったりするなど)を認識する能力
情動知性
情動による思考の促進
情動が，重要な情報に注意を向けさせる形で思考の優先順位を決める
情動が気分に関連した判断や記憶を手助けできるに十分生き生きしていて利用可能である
個人の見解を楽天的なものから悲観的なものへ変えて，多角的な考慮ができるように促す，情動的気分の転換
幸福が機能的推理や創造性を促進するなどのように，特定の問題アプローチをそれぞれに促す情動状態
情動の知覚・評価・表出
自身の生理的状態・気分・思考から情動を同定する能力
言語・音・見た目・行動を通して他者・デザイン・美術品などが表している情動を同定する能力
情動を正しく表出し，その気分に関連した要求を表現する能力
気分の表出について，正しいかそうでないか，また正直なものかそうでないかを区別する能力

図5-1　情動知性の4枝モデル（Mayer & Salovey, 1997より）

表5-1　情動発達の社会的相互作用との関係における注目すべき指標　（Saarni, 1999　佐藤監訳, 2005　より）

年齢（時期）	制御／対処	出行動	関係構築
乳児期 0—12ヶ月	・自分でなだめる，反作用の調整を学習する ・調整行動のための注意の制御 ・ストレス状況で支持的な“足場”を組むための養育者への依存	・いくつかの表出チャンネルで他者との行動の同期の発生 ・他者の表出の区別ができるようになる ・統制次第で決まる刺激への表出反応性の増加 ・表出行動の感情を引き起こす状況との調整の増加	・社会的ゲーム，変化を起こさせる（例えば，“いないいないばあ”） ・社会的参照 ・社会的な道具的シグナルの使用（例えば，注意を引くための“偽の”泣き）
幼児期 12ヶ月—2歳半	・自己意識と自身の感情反応への意識の芽生え ・拡大する自律性と探索欲求に抑制と限界を設定しなければならないことから来る苛立ち	・恥と誇りとはにかみを伴った表出行動にはっきり示された自己評価と自己意識 ・表出行動と感情状態に対しての言語的理解と語の産出の増加	・異なる人に対して異なる感情を抱くことを予想 ・他者の各種の感情とその意味をさらに弁別 ・共感と向社会的行動の初期の形
就学前期 2歳半—5歳	・シンボリックなアクセスが感情制御を促進するが，シンボルは苦痛を引き起こす可能性もある ・他者とのコミュニケーションは子供の自身の感情と感情を引き起こす出来事についての評価と気づきを高める	・遊びとからかいでの見せかけの表出行動の採用 ・“偽り”の顔の表情が他の人にその偽りの感情を感じていると欺き導くことに実際に気づく	・他者とのコミュニケーションが子供の社会的交流の理解と振る舞いの期待を促進 ・仲間への同情的，向社会的行動 ・他者の感情への洞察の増加
小学校低学年 5—7歳	・自己意識的感情（例えば，当惑）が制御の対象である ・養育者からの支援希求が，未だ対処法として顕著であるが，状況に依存した問題解決を行おうとする徴候が増加	・他の子供の前での“冷静な感情的体面”の採用	・他者とのコミュニケーションが子供の社会的交流の理解と振る舞いの期待を促進 ・仲間への同情的，向社会的行動 ・他者の感情への洞察の増加
児童期中期 7—10歳	・統制が少なくとも中程度である限り，問題解決が選好される対処方略 ・統制が最小であると評価されると距離化方略が使用される	・真のものか偽装か，表出行動の規範の把握 ・人間関係のダイナミックスの調整のための表出行動の使用（例えば，友達に微笑みながら非難する）	・同一の人間に複数の異なる感情を抱くことを認識 ・親しい友情を発展させる手段として複数の時間的な枠組みとその相手に固有の個人情報を使用
前青年期 10—13歳	・ストレスの多い状況において現実的な統制の評価についての正確さが増加 ・ストレスを処理する方略として多数の解決法を生み出し，方略を使い分けることが可能	・親しい友人との間での真の感情的表出とその他の人の間の管理された表示との弁別	・社会的敏感さと社会的役割と繋がった感情“スクリプト”の認識の増加
青年期 13+歳	・自己自身の感情のサイクル（例えば，怒ったことに対して罪悪感を感じる）に気づくと洞察力のある対処が促進される ・ストレスとその後の選択の取り扱いの際に道徳的特性と個人的人生観とを統合することが増加	・印象管理のための自己呈示方略の上手な採用	・人間関係の質に影響するものとしての相互依存的，相互交換的な感情コミュニケーションの認識

出来事を記したものである。サーニは確かに情動知性と情動コンピテンスが異なると明言しているが，この表には彼女が適応的な情動機能を織りなす要素としている情動制御や情報表出が挙げられており，情動発達の知見に基づいた情動知性発達を考慮するにあたって大いに示唆を与えるものであろう。

また，ライスランド（Reissland）は，情動知性に対する関心が高まっているものの，情動の機能が社会的な文脈の中でいかに知的に発達していくかに関する研究はほとんどないと断じた。そして彼女自身は日常的な情動知性発達の検討として，乳児が養育者とのやりとりの中でいかにして情動について学んでいくのかに関するケーススタディを行っている。具体的には父親と女児（ライスランド自身の夫と娘）の日々の会話データを録音収集し，娘が誕生してから4歳になるまでの間，父親が情動についてどのような話をしたのかという視点から家庭における情動知性養育の一端について詳らかにした（Reissland, 2012）が，このデータからは，父親が娘に対して，彼女が経験した情動や，社会的文脈の中でどのような情動が歓迎されるかなどについて話をし，制御の手本を示していく様子が明らかになっている。発達のごく早い段階から父親は子どもに対して情動に関する話をしているが，話題に出す情動の種類や使用するレトリックなどは子どもの発達に応じて変化していくことがうかがえたという。種々のエピソードからライスランドは，情動知性の基盤が，特に養育者の働きかけによって，人生の最初期から育まれうることを示唆している。

ライスランドの研究は日常生活のエピソードからボトムアップに情動知性発達を追っていくものであった。一方，情動知性発達についての全容を図式化したのは，情動知性概念について情動研究の視点から度々批判的な考察をしてきたザイドナー，マシューズ，ロバートらである。彼らは情動知性の概念化に課題が残されているために，子どもの情動知性発達についても研究が難しくなっていることを指摘した（Zeidner et al., 2003; 2009）。そして，4枝モデルに沿って情動知性発達を論究することにも限界があるとした。ザイドナーらは，サーニが指摘した内容と同じく，子どもたちに明らかに存在しているはずの共感がこのモデルには含まれていない点にはもちろんのこと，その他に4枝モデル構造の妥当性についても懐疑的な目を向けている。すなわち，4つの部門は論理的順序において配置されていることになっているが，発達的証左からは，4部門は連続的ではない可能性が考えられる（たとえば，４番目の部門に含まれる原初的な形での情動制御は２番目の部門にあるはずの情動理解をはっきりとは必要としないことなど）。また，それぞれの部門には異なる年齢で出現する多様な行動が含まれうる（たとえば，生物学的プログラムに負うところが大きい表情認知と文化的価値観が大きく左右する芸術品の解釈の双方が第１部門の情動知覚に含まれるし，第４部門のテーマである情動制御に，発達のかなり早期に見られる単純な指しゃぶりも，長じてからの複雑なコーピングも含まれてしまう）。それぞれはレベルの異なる情報処理過程だといえるにも関わらず，単一の能力部門に属するものと捉えて良いのかが疑わしいとしている。

このように実証研究の結果と４枝モデルの乖離を示したうえで，ザイドナーらは様々な情動発達研究を引用しながら，子どもの情動知性発達に関するモデルを独自に提案している（Zeidner et al., 2003; 2009; 図5-2）。

このモデルの中では，情動知性が生物学的基盤による気質・ルールに基づいた情動コンピテンスに関するスキルの学習・自覚的な情動制御の３つの過程によって発達していくと考えられている。

まず気質は，情動学習の基盤となるもので，遺伝的影響を色濃く受けてその後の情動知性の発達を方向づける。このレベルでの情動の機能は生後一年目に顕著であり，特徴として脳のシステムに直結し，非言語的で意識下にあることが挙げられる。子ども自身の気質は養育者からのかかわり方と双方向的に影響を及ぼしあうが，この養育者からの働きかけはその後のレベルにも影響を与えていく。また，養育者自身の気質が養育スタイルを通じて子どもの気質に影響を与えるとも考えられている。ところで，筆者らは特定の気質（やパーソナリティ）のみが適応的と断じるつもりではないことに留意しておきたい。気質の適応性を決定するのは環境との適合の良さであり，一見有用に思われる特性が状況によっては欠点につながる（例えば外向的な人が衝動的な行動をしがちになる）ことも，その逆のケース（情緒不安定な人が迎合性という形で自己制御に優れるなど）もありうる。したがって，気質の違いによって，適応的な情動知性のパターンが複数存在すると考えられる。

その次のレベルはルールベースでのスキル学習で，こうしたスキルは役割モデリングや強化などの社会化訓練を通して獲得されることが多い。子どもたちは重要な他者（養育者・仲間・教師など）との関係を直接経験して自他の情動認識や表出などについての「イフ-ゼン」ルールを学ぶ。こうしたスキル学習には，認知能力も大きくかかわってくる。特に情動に関するルールを獲得する際には言語が大きな役割を果たすので，言語能力がこのレベルの情動能力と関連するだろう。ちなみに，先述した子どもの気質と養育者からのかかわりとの関係や，気質に絶対的な適応タイプが存在しないことを鑑みると，このレベルの学習過

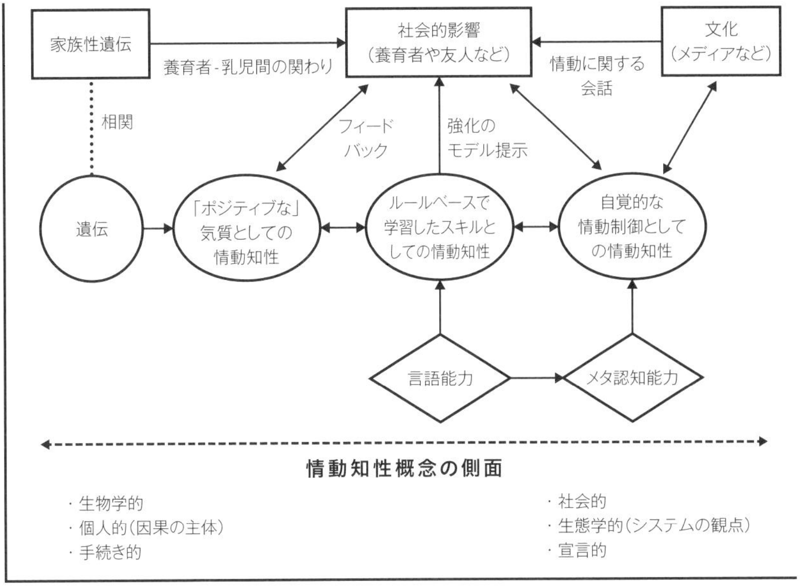

図5-2　情動発達の投資モデル（Zeidner et al., 2009より）

筆者注：このモデルでは，情動知性が①生物学的な気質・②ルールベースの情動コンピテンス学習・③戦略的情動制御発達の3つのプロセスによって発達すると考えている（中段の楕円の部分）。そして，それらに影響を及ぼしあう要因として家族性の遺伝・養育者や友人などからの社会的影響・文化が挙げられている（上段の四角部分）情動知性の3つのプロセスは質的に異なるものの相互に関連しあっていることが想定されている。さらに，そうした情動知性発達に影響を及ぼす子ども本人の要因として，その子の言語能力やメタ認知能力を挙げている（下段ひし形の部分）。

ザイドナーらは，情動知性が単に脳の中に産まれつき備わっているだけでなく，養育者を始めとする他者との社会的なかかわりの中からも獲得されていくと考えている。したがってこのモデルでは，神経発達と心理発達の両面が記されており，一端（左）にいくほど生物学的・個人的・手続き的な性質が，もう一方（右）になるほど社会的・環境的・宣言的な色合いが強くなることが示されている。

程において効果を持ちうる社会化訓練というのは子どもが持っている気質とのマッチングから探られるべきであろう。

最後のレベルの自覚的情動制御は，子どもの環境の中にいる社会化主体のコーチングや情動に関する会話を通して獲得される。コーチングには①情動に関する言葉による説明②大事な情動的手掛かりに子どもの注意を向ける③出来事とそれに伴う情動との関係を指摘する④子どもの情動的反応を理解・管理する手助けをする⑤社会的相互作用を管理可能な情動要素に分ける手助けをするなどが挙げられている。この社会化主体は主には養育者などだが，仲間や教師などといった，その他の社会化主体との触れ合いも重要になってくると考えられている。ここで取り上げている戦略的制御は基本的な情動制御とは異なり，子どもたちが自身の目標・社会的関係性・社会文化的文脈をきちんと理解している必要がある。したがってそのためには，メタ認知能力が重要になる。また他の２つのレベルとの関係については，気質とルールベースの情動はどちらも，認知的・言語的発達と共同して制御行動を調整すると仮定されている。

なお，筆者らは，各過程は質的に異なるものの相互に関連すると想定している。そして，発達のどの段階でもこれらの多重レベルによる情報処理が行われる（例えば，どの発達段階でも気質やそれと連続性を持つパーソナリティが個人の情動関連能力に影響を与え続けるなど，遺伝的側面と環境的側面はすべてのレベルにおいて重要であり続ける）ので，各過程は段階的関係にあるわけではないと断っている。ただし発達が進むにつれて情動知性が生物学的な側面の直接統制から切り離されていき社会的学習に左右されやすくなることや，自覚的情動制御の役割が年齢進行に伴ってより重要性を増していくであろうことは認めている。また，発達にしたがって情動知性は宣言的知識に負うところが大きくなり，制御行動の成果が文脈依存的になっていくことも想定している。

4　情動知性発達を明らかにするための課題・今後の展望

以上，情動知性の発達がこれまでどのように扱われてきた（こなかった）のかについて述べ，情動発達研究の知見を踏まえて考案された発達モデルを紹介した。最後に，今後の課題や展望について記しておきたい。

ザイドナーらの投資モデルは様々な発達研究の知見に基づいていて，確かに説得力をもつものと考えられる。しかし，このモデルは，作成者自身が認めているようにヒューリスティックなものであり，これに基づいた実証研究はあまりなされていない。あくまでも情動知性研究とは別に行われてきた種々の研究からの類推に留まっているのである。ザイドナーらは，情動知性概念には，これまでの能力やパーソナリティのテストでは捉えられなかった要素があるのではと期待している（e.g., Matthews et al., 2012）が，その指摘が正しければ，彼らのモデルは従来の情動発達研究の知見だけでは埋められないと考えられる。情動知性の全体像を念頭に置いた，体系的な実証研究を実施することが今後重要になってくるのではないか。

また，今後考察していくべきテーマとして情動知性の生涯発達的変遷が挙げられる（Zeidner et al., 2003）。本稿で紹介した情動知性発達は主に子どもたちを対象においたものであり，生涯発達については述べられていない。メイヤーらが，情動知性が知能になる要件として加齢に伴ってその得点が上がることを挙げ，実際に青年期から成人期にかけて情動知能得点が一部増加したと確認したことは先にも述べた。しかし，マシューズらは，知能研究において流動性知能が成人期ころから低下することや，性格因子の中には年齢とともに上昇したり下降したりするものがあることを挙げて，情動知性のすべての因子が生涯に応じて増していくという仮定は妥当ではないと主張している（Zeidner et al., 2003）。成人期以降の情動知性の年齢比較を行った研究は特に数少ないが，19～66歳を対象に情動知性テストを行った調査では，年齢が上になるにつれて情動の知覚部門以外の３部門の得点が高くなると明らかとなった（Kafetsios, 2004）。この研究では知覚部門の得点が年齢と比例しなかったことについては特に考察されていないが，もしかしたら，情動知覚は他の部門とは異なっていて，流動性知能と似たような情報処理過程なのかもしれない。いずれにしても，今後，年齢層をより広げた対象に対する調査も含めて，さらなる検討が期待される。

以上，情動知性発達を考究するにあたって今後必要になると考えられることをいくつか挙げた。しかし，大前提として情動知性概念の定義や測定方法が（特に情動研究の知見を踏まえて）妥当性の高いものにすることが何よりも優先されなければならない。詳細な議論については他書（e.g., 遠藤，2013）に譲るが，発達面も含めて情動知性研究の見解が一貫したものにならない一番の理由は，情動知性について様々な定義が乱立しており，盤石な概念基盤が未だないことに起因している。マシューズやザイドナーらは情動知性概念について，先述したような，情動知性が旧来の研究だけでは捉えきれないような新たな要素を把捉できる期待に加えて，情動知性という包括的な枠組みを以て，情動に関する既存の概念を新たな角度から照らすことができるだろう（Zeidner et al., 2009）とも嘱望している。そのためにも，数多くある発達研究の知見を踏まえて，生態学的妥当性の高い形で情動知性概念を整理していくことが切に望まれる。

【文　献】

Durlak, J. A., Weissberg, R. P., Dymnicki, A. B., Taylor, R. D., & Schellinger, K. B. (2011). The impact of enhancing students' social and emotional learning: A meta-analysis of school-based universal interventions. *Child development,* 82(1), 405-432.

Elias, M. J., Zins, J. E., Weissberg, R. P., Frey, K. S., Greenberg, M. T., Haynes, N. M., et al. (1997). *Promoting social and emotional learning: Guidelines for educators.* Alexandria, VA: Association for Supervision and Curriculum Development.（小泉令三編訳, 1999『社会性と感情の教育―教育者のためのガイドライン 39―』北大路書房）

Elias, M. J., Kress, J.S., Hunter. L (2006). Emotional Intelligence and the Crisis in Schools. In Ciarrochi, J., Forgas, J. P., & Mayer, J. D. (Eds.). *Emotional intelligence in everyday life (2nd ed).* pp166-186. Philadelphia: Psychology Press.

遠藤利彦.（2013）.*「情の理」論: 情動の合理性をめぐる心理学的考究.* 東京大学出版会.

Gibbs, N. (1995). The EQ Factor. *Time Magazine*, US, vol.146.pp30-37.

Goleman, D. (1995). *Emotional intelligence.* New York: Bantam.（土屋京子訳, 1998『*EQ こころの知能指数*』講談社プラスアルファ文庫）

Izard, C. E. (2001). Emotional intelligence or adaptive emotions. *Emotion*, 1, 249-257.

Kafetsios, K. (2004). Attachment and emotional intelligence abilities across the life course. *Personality and individual Differences*, 37, 129-145.

Matthews. G., Zeidner, M., & Roberts. R. D. (2007). *The science of Emotional intelligence: Knowns and unknowns.* Cambridge, MA: Oxford University Press.

Matthews, G. , Zeidner, M., & Roberts, R. D. (2012). *Emotional intelligence 101.* Springer Publishing Company.

Mayer (2006).A New Field Guide to Emotional Intelligence. In Ciarrochi, J., Forgas, J. P., & Mayer, J. D. (Eds.). *Emotional intelligence in everyday life(2nd ed).* (pp3-26). Philadelphia: Psychology Press.

Mayer, J. D., Caruso, D. R., & Salovey, P. (1999). Emotional intelligence meets traditional standards for an intelligence. *Intelligence*, 27, 267-298.

Mayer, J. D., Caruso, D. R., & Salovey, P. (2016). The ability model of emotional intelligence: Principles and updates. *Emotion review*, 8, 290-300.

Mayer, J. D., & Salovey, P. (1997). *What is emotional intelligence?* In P. Salovey & D. Sluyter (Eds.), *Emotional development and emotional intelligence: Implications for educators* (pp. 3-31). New York: Basic Books.

Mayer, J. D., Salovey, P., & Caruso, D. R. (2004). Emotional intelligence: Theory, findings, and implications. *Psychological inquiry*, 15, 197-215.

Reissland, N.(2012). *The Development of Emotional Intelligence: A Case Study*. London and New York: Routledge.

Saarni, C. (1999). *The development of emotional competence*. New York: Guifford Press (サーニ, C.　佐藤 香(監訳) (2005). *感情コンピテンスの発達* ナカニシヤ出版.)

Salovey, P., & Mayer, J. D. (1990). Emotional intelligence. *Imagination, cognition and personality*, 9, 185-211.

Zeidner, M., Matthews, G., Roberts, R. D., & MacCann, C. (2003). Development of emotional intelligence: Towards a multi-level investment model. *Human development*, 46, 69-96.

Zeidner, M., Matthews, G., & Roberts, R. D. (2009). *What we know about emotional intelligence: How it affects learning, work, relationships, and our mental health*. MIT Press.

第Ⅲ部

各種社会的文脈における情動

第6章 親子関係における情動と発達

蒲谷槙介・平田悠里

1 親子のアタッチメント関係における子どもの情動発達

子どもは言葉を得る前から周囲の大人と情動を介したコミュニケーションによって繋がる。特に自力で生き抜くことが不可能な乳児にとって，情動を通じて親を引きつけ世話を受けることは重要な生き残り方略である。ボウルビィ(Bowlby, J.)は，危機を感じた個体が特定の対象との近接を求め，これを維持しようとする傾性に着目し，これをアタッチメントと呼んだ(Bowlby, 1969)。この親子のアタッチメント関係の中で，子どもは空腹になった時，一人きりにされた時，見知らぬ人物が自分に近づいてきた時など，自身に何かしらの危機が迫った時に泣いたりむずかったりして周囲に助けを求め，最終的に「安全な避難所」・「安心の基地」としての信頼できる親にくっつくことで，落ち着き，安心感を得る。この経験の蓄積は子どもの柔軟な自律性を育み，のちの様々な社会性発達の土台となる。

幼少期の親子のアタッチメント関係は情動的な繋がりに支えられているが，その情動は親子の「にかわ」として機能するのみならず，それ自体がアタッチメント関係の中で発達していくものである。例えば，子どもが危機を察知して泣き叫び，アタッチメント対象たる親が抱き上げてあやし，その子どもの情動状態の崩れを立て直したとする。この時，子どもは単に親から受動的に守られるのみならず，自力では対処できない情動の崩れを信頼できる他者に調整してもらう経験を通じて，徐々にネガティブな情動を自らの力で制御する術を身につけていくのである(Sroufe, 1996)。

このように，アタッチメント関係は子どもが情動の性質や扱い方を学ぶ場として機能する。親は衣食住の世話を通じて子どもの生存を保障するのみならず，子どもの情動を社会化し，その発達を促す重要な役割を担うのである。しかしどの親も子どもに対して同じように振る舞うわけではない。親自身が持つ特徴によって子どもへの対応には大幅な個人差が生じ，それは子どもの情動発達における多様さの一因となる。本章ではこの視点を踏まえ，子どもの情動発達を支える親の特徴とは何か，国内外の実証研究に基づき論考したい。

2　アタッチメントタイプごとの子どもの情動的特徴

「安全な避難所」・「安心の基地」としての親が子どもといかに接するかによって，子どものアタッチメントの質に個人差が生じ，結果として各タイプの子どもは親の接し方の特徴に適応するよう異なる情動的方略を用いるようになる（Cassidy, 1994）。アタッチメントの個人差として，エインズワース（Ainsworth, M.D.S.）は，安定型，回避型，アンビヴァレント型を見出した（Ainsworth, Blehar, Waters, & Wall, 1978）。

安定型の子どもの親は，身体接触などを楽しみながら調和的に子どもと関わることができ，また子どもがネガティブな情動を表出した際には柔軟かつ円滑に対応できる。このため子どもはポジティブな情動もネガティブな情動も歪曲なくオープンに表出する傾向にある。一方，回避型とされる子どもの親は，子どものネガティブな情動を受け流す傾向にあり，子どもが助けを求め近接するのを避けるような態度をとる。この場合，近接を図るためにネガティブな情動を表出することはむしろ親を遠ざけうるため，回避型の子どもは自身にネガティブな情動が生じてもそれを抑えるようになる。アンビヴァレント型の子どもの親は，子どもがネガティブな情動を表出した際，ある時はそれを受容し，またある時には受け流すといったようにまちまちな対応をする傾向にある。この場合，子どもは対応が一貫しない親を強制的に引き寄せ近接を確実なものとするため，ネガティブな情動を過剰に活性化させ，延々と泣き叫ぶなどの形で強固に表明するようになる。このうち回避型とアンビヴァレント型は，安定型と対比する形で不安定型と呼ばれる。

メイン（Main, M）は上述したアタッチメントの３タイプに加え，無秩序・無方向型を見出している（Main & Solomon, 1990）。このタイプの子どもは安定型，回避型，アンビヴァレント型とは異なり，親にくっつこうとする方略が組織化されておらず，親にくっつこうとしつつも同時に親を避けようとする，呆然とした表情でじっとしているなど，アタッチメント行動において不可解な挙動を呈する。その原因は，親がそもそも「安全な避難所」・「安心の基地」として機能せず，むしろ子どもを怯えさせるような態度をとることにある（Main & Hesse, 1990）。例えば，子どもが悲しみをなだめてもらおうと親にくっつこうとした時，親が子のネガティブな情動や自身の抱える過去のトラウマに触発され，その子どもを殴打するなど危害を加えたとする。この時，子どもは本来安心感を与えてくれるはずのアタッチメント対象からさらなる恐怖を与えられるという矛盾に直面し，効果的にストレス状態が解消されることがない。このため，無秩序・無方向型の子どもはその後の発達において情動制御不全に関わる様々な困難を抱えやすくなる。

特に幼少期は，環境要因として中核的な役割を果たす親から子どもが受ける影響は大きい。さらに，子どもにとって親子関係は相手を選ぶことのできない強制的な関係とも言える。情動発達に困難を抱える子どもに対し，親子関係の外にいる第三者が支援するにあたっては，アタッチメント対象たるべき親が子どもに対していかなる振る舞いをしているかを精緻に見定める必要があろう。

3　アタッチメント関係における親の情動

アタッチメント関係において子どもの情動発達を左右する親の振る舞いは，それ自体が親自身の情動的特徴に支えられている。その特徴が子どもに対していかなる帰結をもたらすのかを吟味するにあたっては，その発達的由来も把握することが肝要である。

（1）親の情動関連バイアス

親と子どもが安定したアタッチメント関係を構築するためには，親が偏りなく適切に子どもの情動を読み取る必要があるという（Bretherton, 1990）。実際，乳児の表情写真中に喜びや悲しみの情動をより的確に認知していた母親の乳児ほど，生後18か月時にアタッチメントがより安定していたことが示されている

(本島, 2017)。対照的に，ネグレクト傾向にある母親は情動語彙が限られており，乳児の表情に悲しみや恥の情動を見出しやすく，乳児の情動に対するラベリングが不正確であった (Hildyard & Wolfe, 2007)。

このような情動認知の的確さ，あるいは歪みには，親自身のアタッチメントの質が影響していると考えられる。すなわち，親自身がこれまでの人生の中で得た種々のアタッチメント経験が内的作業モデルとして結実し (Bowlby, 1980)，それがわが子の情動表出の解釈を方向づけるのである。例えば，アタッチメント不安定傾向の女性は，乳児が泣いているビデオ映像を見た際，乳児の情動状態を正確に同定することが不得手であり，その乳児の泣きに対してよりネガティブな帰属をする，あるいは何も感じないニュートラル傾向にあったことが示されている (Leerkes & Siepak, 2006)。

より意識的な側面として，親が情動についていかなる認識を持っているか，すなわちメタ情動 (Meta-emotion; Gottman, Katz, & Hooven, 1997) における個人差も注目に値する。メタ情動とは「情動についてわきあがる情動，認知，理解」を指す。例えば，子どもの情動を「厄介なもの」と捉える親は子どもの情動経験から距離をとることで対応する傾向にある (Gottman et al., 1997)。アタッチメント安定型の母親は自身および子どもの種々の情動に対して最もオープンなメタ情動を持っている一方，不安定型の母親は自身および子どもの恐れや悲しみの情動を不快に思って矮小化することが示唆されている (DeOliveira, Moran, & Pederson, 2005)。

上述した親の情動に関わるバイアスは，アタッチメント関係における子どもの社会情緒的発達にも大きな影響を及ぼすと考えられる。その傍証として，母親と子どものアタッチメントの質が安定的であるほど，子どもの情動理解は優れる傾向にあり (Cooke, Stuart-Parrigon, Movahed-Abtahi, Koehn, & Kerns, 2016)，また情緒的な心的状態の理解が優れる (Szpak & Białecka-Pikul, 2019) ことが，複数の研究をまとめたメタ分析によって示されている。無論，親の情動バイアスにおける個人差でどれほど子どもの発達的帰結を説明できるのかについては今後も検証を重ねる必要があるが，安定型の関係性の中で親が偏りなく子どもの情動に対応することの発達的意義は揺るぎないものと言える。もし親自身が重篤な情動バイアスを抱え，さらにその働きを自覚できていない場合などは，かようなバイアスを持つに至った発達的来歴を踏まえた上で支援を模索する必要があろう。

（2）ともに揺らぐ情緒的存在としての親

前項で挙げた親の情動認知の特徴は子どもへの情緒的振る舞いを支えるものと考えられるが，具体的な支援を模索する場合には親の具体的な行動的側面にも目を向けなければなるまい。

ビリンゲン（Biringen, Z.）は，親が単に物理的に存在するのみならず，子どもにとって心理的な支えとなるような情緒的存在であることの重要性を指摘し，情緒的利用可能性（Emotional availability; 以下EAと表記）の概念を精緻化させた（Biringen, 2008）。ビリンゲンによれば，大人が子どもの発するシグナルを正しく読み取り適切に応答すること（敏感性），大人が子どもに対し支持的に接することで子どもの探索行動を可能にすること（構造化），大人が子どもに過剰な制限を課さずに子どもの自律性を尊重すること（非侵入性），大人が子どもを脅えさせるような態度を取らないこと（非敵意性）が肝要であるという。さらに，大人側の関わり方のみならず，子どもが大人に対して情緒的にポジティブで応答的であるかどうか（応答性），子どもが主体的かつ情緒的にポジティブな方法でいかに大人を引き込むか（巻き込み）という側面も踏まえ，大人と子どもの間の相互的な関わりの質に目を向ける必要性を指摘している。

EAの概念では，これまでに触れた親自身の情動的特徴と直接的に関連する側面（敏感性，非敵意性）に加え，親が子どもにとっての外的な秩序としてコミュニケーションを形作り（構造化），それでいて子どもの個性を侵さず，過保護にならない（非侵入性）という側面も重視する点が特筆に値する。アタッチメント対象が子どもの情動にオープンに接することは，親が子の情動の沸き立ちにただ巻き込まれることと同義ではなく，また子の情動に流され言われるがまま迎合することとも異なる。親が確固たる，時には毅然とした器となることで，子は安心感に支えられた情動的交感に浸ることができるのである。

しかしながら，親は常に子より上位の秩序として構えるばかりではない。安定的なアタッチメント関係においては，親が枠組みを崩さない範囲で子どもの心情に寄り添い，ともに情緒的に揺らぐことが示唆されている（蒲谷, 2020）。親が自身と子の心情を峻別しつつ子どもと「共振」すること――それは例えば，子どもが泣き叫ぶ時，親がその情動価とは異なる「笑顔」を示しながらも「悲しいね」等と心情を子に映し返すことや，子どもの不従順な行動によって親子の間に緊張が走った時，その不穏な空気に親が飲まれず「まだ遊びたいね」と語りかける等の行動として具現化する（蒲谷, 2013, 2018）。このような行動的側面が，ことによると子どもの情動理解や情動調整の発達を促しているのかもしれない。親が器となって子とともに揺らぐ関係を構築できるかどうかが，「にかわ」としての情動的交感が膠着を生むか，あるいは柔軟な「遊び」を生むかを左右すると考えられる。

4 親のメンタライジングが子どもの情動発達へ及ぼす影響

親が子どもにとっての情緒的存在として機能するためには，親が子どもの行動に対して思考・感情・意図・欲求などの心的意味を見いだす傾向，すなわち親のメンタライジング（e.g. Sharp & Fonagy, 2007）が重要である。本節では，親のメンタライジングが子どもの情動発達を支える文脈としていかなる役割を果たすか論考する。

（1）親のメンタライジング

一口に親のメンタライジングと言っても，実に多様な特徴が含まれる。親のメンタライジングとして扱われることが多いのは洞察性（Insightfulness）や内省機能（Parental reflective function），マインド・マインデッドネス（Maternal Mind-mindedness）である（Zeegers, Colonnesi, Stams, & Meins, 2017）。内省機能や洞察性は，インタビューなどを通して，親がどのように子どもの行動と子どもの心を結び付けて理解するのかを把握することで測定される。親のマインド・マインデッドネスは，洞察性や親の内省機能と同じようにインタビューを通して親が子どものことを心的に描写する程度によって測定される一方で，実際の親子間のやり取りを観察し，親が子どもの心の状態を言葉で表現する頻度やその適切さ（文脈にあっているか）という観点から測定されることもある。これらは親の言語的な特徴に注目して測定される点において共通しているが，近年は非言語的なメンタライジングへの注目も集まっている（Bigelow, Power, Bulmer, & Gerrior, 2015; Shai & Belsky, 2017）。

親による乳児の心的状態への言及は，子どもと親のやり取りの中で発揮される親の行動である。やりとりの中で発揮されるメンタライジングは，子どもに対して親が心の状態を読み取っていることを直接伝達し，子どもの情動を映し返す行動を含み，親の情緒的な振る舞いと重なる。その為，その行為自体が子どもの情動発達に寄与すると考えられる。以降では，やり取りの絡むメンタライジングを「オンライン」，表象レベルのメンタライジングを「オフライン」として，後者を中心に子どもの情動発達との関連をみていく。

（2）親のメンタライジングと親の情緒的振る舞い

オンライン・オフラインともに，親のメンタライジングは親と子どもの安定的なアタッチメントを予測することがメタ分析から明らかになってきている（Zeegers, Colonnesi, Stams, & Meins, 2017）。このことから，親のメンタライジングは，ネガティブな情動もポジティブな情動もオープンにやり取りされ，適切に情動が調整される文脈としてのアタッチメントに寄与すると考えられる。

また，親のオフラインのメンタライジングは，オンラインのメンタライジングを含めた親の情緒的な振る舞いと関連することが示されている。例えば，親による子どもの心的描写の多さや洞察性は，先述のEAの敏感性，非侵入性，非敵意性と関連することが示されている（e.g. Gomez, Carter, Forbes, & Gray, 2018）。また，子どもの心的描写が多い親は，子どもとの実際のやりとりの中でも「楽しいね」などの心的状態への言及を多く行うことを示す研究もある（e.g. Lundy & Fyfe, 2015）。さらに，子どもに対する心的描写の多い教師は，情動を子どもの発達の重要な側面と捉え，教師はその発達において重要な役割を担うと認識し，子どものネガティブな情動にもオープンに歪曲なく接し，情動のラベリングやコーチングを行う傾向が見られた（Ornaghi, Agliati, Pepe, Gabola, & Ornaghi, 2020）。このように，大人が子どもを自分とは異なった心をもった存在として考えることは，実際の子どもの情動に対する親あるいは親に準ずる者の関わり方に影響を与え，アタッチメント対象と子どもの間の関係性の質を予測すると考えられる。

(3) 親のメンタライジングと子どもの情動発達

それでは，親が子どもを心的存在としてみなすことは子どもの情動発達をいかに支えるのだろうか。親のメンタライジングと情動発達の関連については多くの研究がなされているとは言い難いのが現状であり，特に情動理解の発達との関連については，その知見が一貫していない(e.g. 篠原，2011；Dore & Lillard, 2014)。しかし，日常場面での子どもの行動に関しては，子どもが自身や他者の心的状態を言語化する傾向が親のメンタライジングによって予測されることを示す知見が散見される。例えば，4歳時点で親による子どもの心的描写が多いほど，同時点での問題解決場面で子ども自身が使用する心的状態への言及が多いことが示されている(Lundy & Fyfe, 2015)。

次に，情動の強度や表出を適切な形に調整する子どもの力と親のメンタライジングはどのように関わるだろうか。両者の関係を直接検討した研究は現時点では1件のみ（Zeegers, de Vente, Nikolić, Majdandžić, Bögels, & Colonnesi, 2018）である。ジーガーら（Zeeger *et al.*, 2018）は，子どもが4か月齢と12か月齢の時点で，新奇な人と対面する際の心拍変動を測定し，生理的な情動調整と親による乳児の心的状態への言及との関連を検討した。その結果，母親の文脈に合った心的状態への言及は，子どもの生理的な情動調整の指標とされる，心拍変動のベースラインからの減少と関連していた。また，情動調整を直接扱ったものではないが，親のメンタライジングと子どもの自己制御との関連が検討され，親のメンタライジングは子どもが自身の覚醒や注意を調整し，適応的な制御行動をする力の高さを予測していた(e.g. Senehi, Brophy-herb, & Vallotton, 2018)。さらに，親の内省機能や親による子どもの心的描写の多さが，臨床群や過酷な生育環境で育つ子どもが問題行動を呈するリスクを緩和することが示されている（e.g. Ensink, Bégin, Normandin, & Fonagy, 2017; Hughes, Aldercotte, & Foley, 2017）。現時点で親のメンタライジングと子どもの情動調整発達との関連を直接検討した研究は少ないものの，乳児期の生理的情動制御との関連が示され，自己制御発達や問題行動との関連が一貫して示唆されていることから，親のメンタライジングが子どもの情動調整力を育む素地となっている可能性が考えられる。

(4) 親の子どもの心への注目はいかに子どもの情動を育むか

本章では親子関係における情動と発達についてアタッチメントの視点から諸知見を概観しているが，その中で親のメンタライジングはどのように位置づけられ，またいかなるメカニズムで子どもの情動発達に寄与すると考えられるのだろうか。直接的に検討した研究はないものの，これまでに得られた知見を踏まえると，複数の発達経路を想定することができる。

１つは，親のメンタライジングに導かれた養育行動が子どもと親の間に情緒的絆をもたらし，その中で子どもの情動理解や情動調整の発達が促される可能性である。実際に，乳児の心に注目する親の傾向が敏感性や情緒的利用可能性と関連することが示されており（e.g. Laranjo, Bernier, & Meins, 2008; Licata, Kristen, & Sodian, 2016），このような養育行動が子どもの安定的なアタッチメントの形成に寄与することを通して，子どもの情動が適切に調整され，子どもの歪みのないオープンな情動理解の発達に繋がることが考えられる。

一方，親のメンタライジングに導かれた養育行動それ自体が，子どもの情動理解の発達を促すことも考えられる。上述のように，親が子どもを心的な存在と考える傾向は，子どもとのやりとりの中でも発揮され，子どもにその情動状態を映し返したり，言語化したりすることと関連していた。すなわち，親が乳児を心的な存在と見なして情動的交流を持つことが，いわば発達の最近接領域として機能し，子どもの全体的な情動理解力や情動調整の引き上げに寄与する経路も想定できるだろう。

5　おわりに――子どもの情動発達を支えるために

アタッチメントは直接的にも間接的にも乳幼児期以降の広範な社会情緒的コンピテンスの発達に寄与する（国立教育政策研究所, 2017）。アタッチメントの枠組みを援用して適切な支援を講ずる場合，親が持つ種々の情動的・認知的特徴がそれぞれ子どものいかなる発達的側面に寄与するのかを吟味するにとどまらず，その特徴を本人が意識できるレベルのものか，あるいは介入によって変容しやすいものかどうかを綿密に検討する必要があるだろう。また当然のことながら，親自身の特徴のみならず，気質といった子ども側の要因も含めた包括的な視点を念頭に置かねばならない。

いずれにせよ，養育を担う親や家族が子どもに対して機械的に接するのではなく，子どもの心について思いを巡らし，心を持った一個人として情緒的に接することの重要性は諸知見に共通している。このことは，親の表面的な接し方のみに着目するのではなく，その背後にある心理的特質に目を向けることの意義を示唆するものと言えよう。

【文　献】

Ainsworth, M. D. S., Blehar, M., Waters, E., & Wall, S. (1978). *Patterns of attachment: A psychological study of the Strange Situation*. Hillsdale. NJ: Erlbaum.

Bigelow, A. E., Power, M., Bulmer, M., & Gerrior, K. (2015). The relation between mothers' mirroring of infants' behavior and maternal mind-mindedness. *Infancy*, 20, 263-282.

Biringen, Z. (2008). *The Emotional Availability (EA) Scales Manual* (4th ed.). Boulder, CO: International Center for Excellence in Emotional Availability.

Bowlby, J. (1969). *Attachment and loss: Vol.1. Attachment*. New York: Basic Books.

Bowlby, J. (1980). *Attachment and loss: Vol.3. Loss: Sadness and depression*. New York: Basic Books.

Bretherton, I. (1990). Open communication and internal working models: Their role in the development of attachment relationships. In R.A. Thompson (Ed.), *Nebraska symposium on motivation: Vol. 36. Socioemotional development* (pp.57-113). Lincoln, NE: University of Nebraska Press.

Cassidy, J. (1994). Emotion regulation: Influences of attachment relationships. *Monographs of the Society for Research in Child Development*, 59, 228-249.

Cooke, J. E., Stuart-Parrigon, K. L., Movahed-Abtahi, M., Koehn, A. J., & Kerns, K. A. (2016). Children's emotion understanding and mother–child attachment: A meta-analysis. *Emotion*, 16, 1102-1106.

DeOliveira, C.A., Moran, G., & Pederson, D.R. (2005). Understanding the link between maternal adult attachment classifications and thoughts and feelings about emotions. *Attachment & Human Development*, 7, 153-170.

Dore, R. A. & Lillard, A. S. (2014). Do children prefer mentalistic descriptions? *The Journal of Genetic Psychology*, 175, 1-15.

Ensink, K., Bégin, M., Normandin, L., & Fonagy, P. (2017). Parental reflective functioning as a moderator of child internalizing difficulties in the context of child sexual abuse.

Psychiatry Research, 257, 361-366. https://doi.org/10.1016/j.psychres.2017.07.051

Gomez, J. A., Carter, A. S., Forbes, D., & Gray, S. A. O. (2018). Parental insightfulness and parenting behavior: A two-dimensional analysis of parent contributions to child cognitive outcomes. *Attachment & Human Development*, 20, 255-271. https://doi.org/10.1080/14616734.2018.1446734

Gottman, J. M., Katz, L.F., & Hooven, C. (1997). *Meta-emotion: How families communicate emotionally.* Mahwah, N.J.: Lawrence Erlbaum Associates

Hildyard, K. & Wolfe, D. (2007). Cognitive processes associated with child neglect. *Child Abuse & Neglect*, 31, 895–907.

Hughes, C., Aldercotte, A., & Foley, S. (2017). Maternal mind-mindedness provides a buffer for pre-adolescents at risk for disruptive behavior. *Journal of Abnormal Child Psychology*, 45, 225-235. https://doi.org/10.1007/s10802-016-0165-5

蒲谷槙介．(2013)．前言語期乳児のネガティブ情動表出に対する母親の調律的応答: 母親の内的作業モデルおよび乳児の気質との関連．発達心理学研究, 24, 507-517.

蒲谷槙介．(2018)．歩行開始期乳児の不従順行動に対する母親の調律的応答: 歩行不可期における応答との一貫性．発達心理学研究, 29, 34-47.

蒲谷槙介．(2020)．親子のはざまを繋ぐもの:「音楽性」の観点がもたらす展望．今川恭子(編著)，わたしたちに音楽がある理由: 音楽性の学際的探究(pp. 51-64). 東京: 音楽之友社.

国立教育政策研究所．(2017)．非認知的(社会情緒的)能力の発達と科学的検討手法についての研究に関する報告書

Laranjo, J., & Bernier, A., & Meins, E. (2008). Association between maternal mind-mindedness and infant attachment security: Investigating the mediating role of maternal sensitivity. *Infant Behavior and Development*, 31, 688-695.

Leerkes, E.M. & Siepak, K.J. (2006). Attachment linked predictors of women's emotional and cognitive responses to infant distress. *Attachment & Human Development*, 8, 11-32.

Licata, M., Kristen, S., & Sodian, B. (2016). Mother–child interaction as a cradle of theory of mind: The role of maternal emotional availability. *Social Development*, 25, 139-156.

Lundy, B. L. & Fyfe, G. (2015). Preschoolers' mind-related comments during collaborative problem-solving: Parental contributions and developmental outcomes. *Social Development*, 25, 722-741. https://doi.org/10.1111/sode.12176

Main, M. & Hesse, E. (1990). Parents' unresolved traumatic experiences are related to infant disorganized attachment status: Is frightened and/or frightening parental behavior the linking mechanism? In M. T. Greenberg, D. Cicchetti, & E. M. Cummings (Eds.), *Attachment in the preschool years* (pp. 161-182). Chicago: University of Chicago Press.

Main, M. & Solomon, J. (1990). Procedures for identifying infants as disorganized / disoriented during the Ainsworth Strange Situation. In M. T. Greenberg, D. Cicchetti & E. M. Cummings (Eds.), *Attachment in the preschool years* (pp. 121-160). Chicago: University of Chicago Press.

本島優子．(2017)．母親の情動認知と乳児のアタッチメント安定性：縦断的検討．発達心理

学研究, 28, 133-142.
Ornaghi, V., Agliati, A., Pepe, A., Gabola, P., & Ornaghi, V. (2020). Patterns of association between early childhood teachers' emotion socialization styles, emotion beliefs and mind-mindedness. *Early Education and Development*, 31, 47-65. https://doi.org/10.1080/10409289.2019.1627805
Senehi, N., Brophy-herb, H. E., & Vallotton, C. D. (2018). Effects of maternal mentalization-related parenting on toddlers' self-regulation. *Early Childhood Research Quarterly*, 44, 1-14. https://doi.org/10.1016/j.ecresq.2018.02.001
Shai, D. & Belsky, J. (2017). Parental embodied mentalizing: How the nonverbal dance between parents and infants predicts children's socio-emotional functioning. *Attachment & Human Development*, 19, 191-219. https://doi.org/10.1080/14616734.2016.1255653
Sharp, C. & Fonagy, P. (2007). The parent' s capacity to treat the child as a psychological agent: Constructs, measures psychopathology. *Social Development*, 17, 737-754. https://doi.org/10.1111/j.1467-9507.2007.00457.x
篠原郁子. (2011). 母親のmind-mindednessと子どもの信念・感情理解の発達: 生後5年間の縦断的調査. 発達心理学研究, 22, 240-250.
Sroufe, L. A. (1996). *Emotional development: The organization of emotional life in the early years*. New York: Cambridge University Press.
Szpak, M. & Białecka-Pikul, M. (2019). Links between attachment and theory of mind in childhood: Meta-analytic review. *Social Development*, 29, 653-673.
Zeegers, M. A. J., Colonnesi, C., Stams, G. J. M., & Meins, E. (2017). Mind matters: A meta-analysis on parental mentalization and sensitivity as predictors of infant - parent attachment. *Psychological Bulletin*, 143, 1245-1272.
Zeegers, M. A. J., de Vente, W., Nikolić, M., Majdandžić, M., Bögels, S. M., & Colonnesi, C. (2018). Mothers' and fathers' mindmindedness influence physiological emotion regulation of infants across the first year of life. *Developmental Science*, 21, 1-18. https://doi.org/10.1111/desc.12689

第7章　園における情動と発達

野澤祥子・西田季里

子どもは，園で様々な情動を経験するとともに，情動を発達させていく。本章では，園における仲間関係及び，保育者との関係と情動の関連についてみていく。

1　仲間関係と情動発達

（1）情動の表出・制御と仲間関係

幼児期の仲間関係で情動が生じやすい場面の一つが，葛藤場面である。園では，物や場所の取り合いをはじめとして，互いの要求や意図がぶつかり合う場面が多くみられる。仲間との関係性を維持し，やりとりを継続するためには，葛藤において生じるネガティブな情動を制御し，葛藤の解決に向けた努力をすることが必要となる。

他児と玩具を引っ張り合うなどの行動は1歳前後にみられるようになる（松永（朝生）・斎藤・荻野, 1993）。その後，自己意識の高まりに伴い，２～３歳にかけて他児との葛藤におけるネガティブ情動の表出（攻撃行動や強い口調での自己主張など）が増加する。一方で，２歳代には「○○ちゃんの」「○○くんが使ってた」など自分の要求や意図を言葉で説明することが増える。そして，３歳近くになると，ネガティブ情動の表出を伴わずに，言葉で自他の要求を伝え合い，交渉する場面も生じてくる（野澤, 2011; 野澤, 2013）。

このように幼児期には，仲間関係で生じる情動の制御が次第に発達してくるが，情動の表出や制御の仕方には個人差もみられる。そして，そうした個人差が，仲間との関係のあり方に影響を与えている。子どもの情動表出と仲間関係との関連について，園で怒りの表出が多い子どもは，他児からの受容度が低い一方で，ポジティブ情動を表出する子どもは，他児からの好意度が高いことが示されている（Denham et al., 1990）。特に，他児と一緒にタイミングよくポジティブ情動を表出する子どもほど，他児からの受容度が高い（Lindsey, 2017）。このように，怒ることが多ければ一緒に遊ぶのを敬遠されるが，笑顔や笑いを表出することが多ければ楽しい仲間としてみなされ，他児からの好意を引き出すと考えられる。また，他児からの好意度が高い子どもは，取られたものを返してほしいと伝える，されたことについて相手に嫌だと伝えるなど自己主張によって対処することが多く，大人への援助要請や何も対処せずに泣くといった依存的な対処が少ない傾向がみられた（Fabes & Eisenberg, 1992）。

一方，情動性と情動の制御の組み合わせが仲間関係にどのように影響するかを検討した研究では，情動強度が高く，制御の得点が低い（注意のコントロールと問題への建設的対処の得点が低い）子どもは，保育者評定による社会的スキルと他児からの好意度が低いという結果であった（Eisenberg et al., 1993）。すなわち，情動的に反応しやすく，その制御が未熟である場合には，他児とのかかわりが困難になることが示唆される。また，別の研究（Blair et al., 2004）では，いらいらしやすい男児が回避的対処をする場合には攻撃が高くなる傾向がみられた。いらいらしやすい子どもが回避的に対処する場合には，常に情動を抑えることになり，抑えられた情動がついに表出される際には，攻撃行動としてあらわれるのではないかと考察されている。さらに，日本の研究においても，自己主張的な面に加え，自己抑制や注意のコントロールが難しい場合に，不注意・多動，攻撃的傾向が高いことが示されている（大内ら, 2008）。

以上より，仲間関係であらわれる社会的行動を理解する上では，情動性と制御，すなわち，どのように情動を経験しやすいのかという側面と，注意や行動を制御しながら情動にどのように対処しようするのかという側面を考慮する必要があることが示唆される。

（2）共感と仲間関係

仲間との絆を形成する上では，他者のネガティブ情動に気づいて共感することや，その状況に応じた適切な対応をすることが重要な役割を果たすと考えられる。「他者と共に感じる」こととしての共感は，乳児期からみられ，こうした「情動伝染」を共感の先駆体として捉える研究者もいる（Saarni, 1999）。保育の場で他児が泣いているときに顔を覗き込んだり，頭をなでたりする行動は１～２歳からみられる。

ただし，他児のネガティブ情動に対する向社会的行動には個人差があることも示されている。すなわち，難しい気質であるほど他児のネガティブ情動に対する向社会的な応答が少なく，社会的スキルが高いほど向社会的応答が多かった（Farver & Branstetter, 1994）。一方で，泣いている他児の特徴や泣いている他児との関係性も向社会的応答に影響する。泣いている他児の攻撃的傾向が強い場合は向社会的応答が少なく，泣いている他児との関係性が親密な場合は向社会的応答が多かった（加藤ら, 2014）。

（3）情動理解と仲間関係

仲間と関わる上では，共感だけでなく情動に関する理解や知識も必要となる。子どもの情動理解を調べる課題としては，パペットを用いたものなど様々ある（Denham, 1986; Denham et al., 2003）。こうした課題で評定された情動理解について，その程度が高いほど，仲間に対する向社会的行動をより多く示し，仲間からの好意度が高かった（Denham et al., 1990）。幼児期の２時点の縦断研究でも，情動理解が適切な社会的行動（ポジティブな相互作用，向社会的行動）に影響し，仲間からの好意度に影響することが示されている（Sette, Spinrad, & Baumgartner, 2017）。一方で，情動理解の程度が低いほど，怒りの表出や攻撃行動などの多さにつながっていた（Denham et al., 2002）。情動に関する理解が不十分であると，相手の情動に気づかなかったり，誤解したりして過度の攻撃などにつながるのかもしれない。こうした情動理解は，友達関係のあり方にも影響を与える。友達（friend）とは，仲間のうちお互いがお互いにとって特別な存在として認めている場合である。自分と友達両方の情動理解が，協調的な遊びの多さと葛藤の少なさに貢献していた（Dunn & Cutting, 1999）。

（4）仲間との相互作用における情動的コンピテンスの発達

個々の子どもの情動的コンピテンスが仲間関係のあり方に寄与する一方で，子

表7-1 2歳代における葛藤的やりとりの変化

<事例1>	園庭でブランコに乗っているアユミ（23ヶ月）にチサト（23ヶ月）が「かーわってー」と声をかける。アユミは「だーめーよ。だーめーよ。」と応じる。チサトはアユミの言ったことを繰り返すように「だーめーよ」と言う。アユミは「だめ！」と強い口調で言って、Eを叩こうとする。チサトは「やめて！」と強い口調で言って叩き返そうとする。アユミも叩き返そうとする。担任保育者が「アユミちゃん、ボール遊びやろうか。」と誘うと、アユミは保育者の方へ行く。
<事例2>	保育室でアユミ（28ヶ月）がままごとで遊んでいるところへ、ユウト（31ヶ月）が加わろうとし、玩具を使おうとする。アユミが「ねえ、やめてよ。」と言うと、ユウトは別の玩具を使おうとする。アユミは「ねえ、やめて！」と強い口調で言う。ユウトは「ユウちゃんのは？」と尋ねる。すると、アユミは普段の口調に戻り、「ユウちゃんのはね、あっち」と言う。ユウトは棚の方へ行き、棚にあった玩具のコップを「これ？これ？」と尋ねる。アユミは「ちがう。これ」と言ってクマのぬいぐるみを指す。ユウトは「これ？これ？」とぬいぐるみをアユミに渡す。アユミはぬいぐるみを受け取って寝かせる。
<事例3>	保育室でユウト（33ヶ月）が玩具で遊んでいるところにチサト（30ヶ月）が来る。チサトはユウトに「あとでかわってね。わかった？」と言う。ユウトは「いいよ。」とこたえる。チサトは「やった、やった，やった，やった」と言う。ユウトは「待ってて。」と言う。聞き取りにくかったのか、チサトが「え？」と聞き返すと、ユウトは「待ってて。」ともう一度言う。

注：野澤（2013）に掲載した事例と同じ事例を改変。事例中の名前は仮名。

どもは仲間とのやりとりの中で情動的コンピテンスを発達させていく。他児との葛藤経験は，情動を制御しながら自他の要求を調整する力の発達を促すことが指摘されている。葛藤場面において，互いの情動に影響を与え合いながら展開するやりとりのありようは，２歳代という早い時期から発達的に変化していく（野澤, 2013）。表7-1の事例１に示したように２歳前半の時期には，互いのネガティブ情動に巻き込まれ，ネガティブなやりとりがエスカレートしていく。２歳半ばになると，相手の情動に影響されにくくなり，相手の意図を尋ねる発話が出現する。事例２では，意図を尋ねられたことでアユミのネガティブ情動が沈静化し，交渉が成立している。さらに，事例３に示したように互いの要求や意図が葛藤する場面でも，ネガティブ情動を表出せずに言葉でやりとりする場面が生じるようになる。このように，２歳から３歳にかけて，互いのネガティブ情動に巻き込まれ表出し合うやりとりから，言葉で互いの意図を調整し合うやりとりが成立するようになっていくことが示唆される。

葛藤の経験だけでなく，空想の世界でさまざまなものになりきって遊ぶごっこ遊びも，情動制御の発達を促すといわれる。ゴットマン（Gottmann, 1986）は，幼児の友達同士のごっこ遊びを質的に分析し，幼児が親密な友達とごっこ遊びをするとき，情動的に難しい状況を反芻し，他児とそれを共有しながら解決していくのではないかと考察している。

（5）グループ・クラスの情動トーンと情動的コンピテンスの発達

園で子どもたちは特定の仲間と仲良しグループをつくり，そのグループ内で関係を継続していくことも多い。グループレベルでの情動トーンが，子どもの情動的・社会的コンピテンスに影響することが示されている。例えば，３歳時点での遊びグループの情動トーンについて，情動の表出と情動への応答によって「楽しい／ポジティブな応答」グループと「怒り／ネガティブな応答」グループに分け，それぞれのグループに属する子どもの社会的コンピテンスを検討した。その結果，１年後も，約３分の２の子どもは同じ情動トーンのグループに属しており，「怒り／ネガティブな応答」に属する子どもは，社会的コンピテンスが低い傾向にあった（Denham et al., 2001）。また，３歳児クラスにおける遊びのネットワークの形成と情動特性との関連を検討した研究では（Neal et al., 2017），クラス内でポジティブな情動性が類似している子ども同士が遊びの関係を作りやすく，１年間のうちに遊び仲間の情動性により類似していく方向に変化した。子どもは，自分と似た特性を持つ子どもと仲良くなりやすい傾向があり，遊びの関係を継続していく中で，互いに情動表出や制御のあり方に影響を与え合いながら，共発達を遂げていくことが示唆される。

さらに，こうした自発的な遊び仲間だけでなく，近年，保育者を含むクラスの成員がつくりだすクラス全体の社会的・情動的風土（social and emotional climate）――すなわち，保育者が子どもに対し敏感に応答し，侵入的ではなく，怒りやいらいらを表出することもめったになく，教室には明確ではあるが柔軟なルールがある。子どもたちは自発的にルールを守り，楽しい会話，笑いや嬉しさが表出されるというポジティブな情動的風土――が，子ども同士の関係形成や社会的発達にとって重要であることが指摘されている（Howes, 2014）。ある縦断研究では，3歳時点でポジティブな風土のクラスを経験した子どもは，小学校2年生時点でも，ポジティブな仲間関係を形成していた（Howes, 2000）。

2 保育者－子ども関係における情動発達

（1）保育者による情動の社会化：親－子モデルの拡張

子どもの情動コンピンテンスの発達に，親や保育者は，情動の社会化を通して寄与する（Denham, 2006; Denham et al., 2012）。親による情動の社会化，あるいは子どもの情動発達のための親への介入に関する研究が多くある一方で，保育者についてのそれは少ない（Garner, 2010）。しかし，幼児が園で過ごす時間の長さを考えれば，子どもの情動発達における保育者の寄与について知見の蓄積は重要であるといえよう。

デンハムとグルート（Denham & Grout, 1992）は親による子どもの情動の社会化を，モデリング，ティーチング，即時的応答（contingent responding）という3つのメカニズムからなるモデルで説明した。保育者による社会化についても，このモデルが拡張されている（Morris et al., 2013）。

（2）保育者によるティーチング，応答のバリエーション

アーン（Ahn, 2005）は，上記3つのメカニズムのうち，ティーチングに注目し，月齢18ヶ月から30ヶ月のトドラー期園児および，月齢36ヶ月から60ヶ月のプリスクール期園児と，担当する12人の保育者（うち女性11人）を観察し，情動についての保育者のティーチング，特に言語的インストラクションを調べた。その結果，観察された保育者の言語的インストラクションのバリエーションは以下のようになった；①情動の言語的同定（やきもち焼いているんだね，悲しいんだね），②情動のディスカッション（このとき主人公はどんな気持ちだったと思う？），③情動の原因（怪我したら悲しい気持ちになるよ），④保育者の情動への言及（先生は，それ嫌いだな），⑤より建設的な情動表出のしかたの教示（泣かないで話し合いして）。

アーンとスティフター（Ahn & Stifter, 2006）は，上記３つのメカニズムのうち，応答に注目して観察・分析した。結果，見出された子どものネガティブ情動への保育者の応答は以下のようになった；a. 無視（無応答），b. 身体的慰め（撫でるなど），c. ネガティブな応答（抑制，脅し，嘲笑，顔をしかめる，禁止，罰，「泣くのを止めなさい！」と怒鳴るなど，状況の深刻さを最小化する），d. 情動制御のための建設的方法や，情動を表現する別の方法の教示，e. ネガティブ情動の原因の除去や，問題解決のための支援，f. 共感する，g. 気を逸らす（別の対象や活動に注意を向けさせる），h. その他。これらの応答の出現頻度は，子どもがトドラー期かプリスクール期か，また，男児か女児かでも差が出た。すなわち，ネガティブ情動への応答について，トドラー期の子どもに対しては，身体的慰めや，気を逸らすという，直接的かつその場限りの応答が多く，一方のプリスクール期の子どもに対しては，建設的な情動表出方略の教示や，問題解決の支援が多かった。また，男児のネガティブ情動表出にはf. 共感と問題解決，女児のネガティブ情動には身体的慰めと気を逸らす応答が多かった。男児と女児とで保育者の応答の傾向が違ったことについてアーンらは，男児のネガティブ情動表出として怒りの表出が多かったからかもしれないと考察している。また，見出された子どものポジティブ情動への保育者の応答は以下のようになった；A. 無視，B. マッチング（同じ情動状態になる），C. 情動表出を奨励する，D. その他。ポジティブ情動表出への応答については，トドラー期，プリスクール期ともにマッチングが最多であったが，プリスクール期の方がより少なく，また情動表出を抑制する応答が多くなった。これについてアーンらは，プリスクール期の子どもは興奮しすぎることが多いので，落ち着かせるために「お部屋の中の声（の大きさ）にして下さい」などの抑制的応答を保育者がすることが多くなったか，あるいは興奮を抑える能力についての保育者の期待がプリスクール期にはより大きくなる可能性があるとしている。

（3）応答の質に関連するもの：保育者自身の情動的能力，研修，環境

こうした子どもの情動表出への保育者の応答を洗練させるにはどうすればよいかという関心のもと，いくつかの変数との関連が検討されている。例えば，保育者自身の情動的コンピテンスとの関連が指摘されており，自分自身の情動に

高いレベルで自覚的である保育者は子どもの情動を無視・軽視することが少なく，子どものネガティブ情動を受容し尊重する態度を示す傾向があるといった知見（Ersay, 2007）や，自身の情動を述べることに困難を示す保育者は，子どものネガティブ情動表出に対し処罰的応答をする傾向がより強いといった知見（Ersay, 2015）がある。また，内部・外部からの観察フィードバックが，クラスのポジティブな情動的雰囲気と保育者の敏感性を向上させ，ネガティブな情動的雰囲気を減じるといった知見（Raver et al., 2008）や，保育者が感じる保育環境の混沌（乱雑さ，散らかり，騒音，時間と空間が組織化・コントロールできていないこと）の程度と，保育者の子どもへの応答性の低さが関連するという知見（Jeon, Hur, & Buettner, 2016）があり，保育者個人の能力や適性のみならず，スーパーバイズ，研修，保育環境の整備等の重要性も示唆されているといえよう。

（4）日本の研究知見：内在的情動調整への注目，「見守る」保育実践

ここまで，子どもの情動表出における保育者の応答について，欧米を中心とした海外の知見を見てきたが，それらは概ね，保育者が子どものネガティブ情動表出を敏感かつポジティブに受容し，より建設的な表出方法や問題解決を支援する，といった応答を望ましいとし，どちらかというと保育者による介入に積極的な見方であるように思われる。一方で，子どもの情動発達と保育者の関わりについての日本の先行研究はこれまで，子どもの情動調整，特に子どもが自分自身で情動に対処する内在的情動調整の発達に大きな関心を寄せてきた（樋口・藤崎，2014；野澤，2010；田中，2013，2015）。すなわち，養育者の手を借りて情動を調整する外在的情動調整から，自分自身で情動を調整する内在的情動調整への発達的変化についての研究が複数行われてきた。そしてこれらの知見からは，保育者含む養育者は，子どもの発達に合わせて情動調整のアクターから身を引き，子ども自身による情動制御の機会を保障することを期待されているようにみえる。

田中（2013，2015）は，3歳・4歳児クラスにおいて，ネガティブ情動を表出する子どもを教師があえて突き放すことで，子どものうちに喚起された情動を弱め，子ども自ら情動を認識・調整するきっかけをつくったり，子ども同士の

葛藤場面などで教師があえて関わらないことで，子ども同士で主体的に問題解決し関係をつなげていくきっかけをつくったりすることを指摘した。こうした，子どもの情動を敏感に察知しながらも配慮に基づき介入を保留し推移をみる保育者の態度は，「見守る」という言葉で表される日本特有の保育実践スタイルだと指摘されている（Hayashi, 2011）。日本の「見守る」保育が，子どもの情動発達にどのような影響を与えているのかについては，さらなる実証的研究が必要である。また，保育者が比較的積極的に働きかけていくことを前提とした欧米の知見を，単純に日本に適用するには注意が必要だといえよう。

（5）保育者とのアタッチメントと情動発達

園での生活の中で，子どもは様々な情動を発達させていく。そうした情動のより望ましい発達は，子どもが園で，安心して，遊び・探索し・他児と関わる中で促されると考えられる。この安心感の基礎となるのが，保育者とのアタッチメントであり，自分がいつも見守られ，危機のときには逃げ込めると感じられるような関係である（Bowlby, 1969/1982）

保育者と子どもとのアタッチメントは従来，親とのアタッチメントを基礎に，その下位をなすかたちで階層的に形成されると考えられていた。しかし近年では，親とのアタッチメントと保育者とのアタッチメントは，相互独立に形成されるという考えが有力になっている（遠藤，2016）。また，保育者とのアタッチメントは，子ども集団と保育者という状況の中で成立するため，保育者の応答性としては，子ども個人の欲求に対する反応の素早さ，的確さといった二者関係的敏感性だけでなく，子ども集団全体に対する共感性・許容性・構造化などの集団的敏感性が重要になる（遠藤，2016）。

3　おわりに

以上のように，園における仲間関係及び保育者との関係と情動の関連についてみてきた。子どもの情動コンピテンスは，良好な仲間関係の維持形成において重要な役割を果たす一方で，仲間関係は情動発達に影響を与える文脈としても機能する。また，保育者の社会化が情動発達に寄与するとともに，アタッチメントは情動発達の基盤となる。ただし，子どもの情動に対する保育者の応答の仕方は，欧米と日本では異なる可能性が示唆されている点には留意が必要である。今後，園における情動の発達について，社会文化的な影響も考慮したより精緻な検討が必要であろう。

【文　献】

Ahn, H. J. (2005). Child care teachers' strategies in children's socialization of emotion. *Early Child Development and Care*, 175(1):49–61.

Ahn, H. J., & Stifter, C. (2006). Child care teachers' response to children's emotional expression. *Early Education and Development*, 17(2), 253–270.

Blair, K.A. Denham, S. A., Kochanoff, A. & Whipple, B. (2004). Playing it cool: Temperament, emotion regulation. *Journal of School Psychology*, 42, 419-443.

Bowlby, J. (1969/1982). *Attachment and loss: Vol 1. Attachment*. New York, Basic.

Denham, S.A. (1986). Social Cognition, Prosocial Behavior, and Emotion in Preschoolers: Contextual Validation. *Child Development*, 57, 194–201.

Denham, S.A. (2006). The emotional basis of learning and development in early childhood education. In Spodek, B., Saracho, ON. (ed.). *Handbook of research on the education of young children (2nd ed.)*. NJ, Lawrence Erlbaum Associates. pp. 85-103.

Denham, S. A., Bassett, H. H., & Zinsser, K. (2012). Early childhood teachers as socializers of young children's emotional competence. *Early Childhood Education Journal*, 40, 137-143.

Denham, S. A., Blair, K. A., DeMulder, E., Levitas, J., Sawyer, K., Auerbach-Major, S. & Queenan, P. (2003). Preschool emotional competence: Pathway to social competence? *Child Development*, 74, 238–256.

Denham, S., Caverly, S., Schmidt, M., Blair, K., DeMulder, E., Caal, S., Hamada, H., & Teresa, M. (2002). Preschool understanding of emotions: contributions to classroom anger and aggression. *Journal of Child Psychology and Psychiatry* 43, 901–916.

Denham S, Grout L. (1992). Mothers' emotional expressiveness and coping: Relations with preschoolers' social-emotional competence. *Genetic, Social, and General Psychology Monographs*, 118, 73–101.

Denham, S. A., McKinley, M., Couchoud, E. A., & Holt, R. (1990). Emotional and behavioral predictors of peer ratings. *Child Development*, 61, 1145–1152.

Denham, S. Mason, T., Caverly, S., Schmidt, M., Hackney, R., Caswell, D., & DeMulder, E. (2001). Preschoolers at play: Co-socialisers of emotional and social competence. *International Journal of Behavioral Development*, 25, 290-301.

Dunn, J. & Cutting, A. L. (1999). Understanding others, and individual differences in friendship interactions in young children. *Social Development*, 8, 201-219.

遠藤利彦.（2016).現代における親子・家族関係と乳幼児からの保育. 秋田喜代美(編), 変容する子どもの関係.（pp.11-42). 岩波書店.

Ersay, E. (2007). *Preschool teachers' emotional experience traits, awareness of their own emotions and their emotional socialization practices (Doctoral dissertation)*. Retrieved from ProQuest Dissertations and Theses database (AAT3266106).

Ersay, E. (2015). Preschool teachers' emotional awareness levels and their responses to children's negative emotions. *Procedia-Social and Behavioral Sciences*, 191, 1833-1837.

Eisenberg, N., Fabes, R. A., Bernzweig, J., Karbon, M., Poulin, R., & Hanish, L. (1993). The relations of emotionality and regulation to preschoolers' social skills and sociometric status. *Child Development*, 64, 1418-1438.

Fabes, R. A., &, Eisenberg, N. (1992). Young children's coping with interpersonal anger. *Child Development*, 63, 116-128.

Farver, J. M. & Branstetter, W. H. (1994). Preschoolers' prosocial responses to their peers' distress. *Developmental Psychology*, 30, 334-341.

Garner, W. P. (2010). Emotional Competence and its Influences on Teaching and Learning. *Educational Psychology Review*, 22, 297–321.

Gottmann, J. M. (1986). The world of coordinated play: Same- and cross-sex friendships in children. In J. M. Gottman & Jeffrey G. Parker (Eds.), *Conversations of Friends* (pp.139-191). New York: Cambridge Univ.

Hayashi, A. (2011). *Japanese preschool educators' cultural practices and beliefs about the pedagogy of social-emotional development (Doctoral dissertation).*

樋口寿美・藤崎春代.（2014).Toddler期の子どもの集団保育活動参加への自己調整と保育者の関わり一情動調整に着目して一. 昭和女子大学生活心理研究所紀要, 16, 21-32.

Howes, C. (2000). Social-emotional classroom climate in child-care, child-teacher relationship, and children's second grade peer relations. *Social Development*, 9, 191-204.

Howes, C. (2014). Children's social development within the socialization context of child care and early childhood education. In P. K. Smith & C. H.

Hart (Eds), *The Wiley-Blackwell Handbook of Childhood Social Development, second edition*. Wiley-Blackwell.

Jeon, L., Hur, E., & Buettner, C. K. (2016). Child-care chaos and teachers' responsiveness: The indirect associations through teachers' emotion regulation and coping. *Journal of School Psychology*, 59, 83-96.

加藤真由子・大西賢治・金澤忠博・日野林俊彦・南徹弘.（2014). 2歳児による泣いている幼児への向社会的な反応：対人評価機能との関連性に注目して 発達心理学研究, 23, 12-22.

Lindsey, E. W. (2017). Mutual positive emotion with peers, emotion knowledge, and preschoolers' peer acceptance *Social Development*, 26, 349–366

松永(朝生)あけみ・斎藤こずゑ・荻野美佐子.（1993). 保育園の0〜1歳児クラスの子ども同

士のいざこざにおける社会的能力の発達．山形大学紀要：教育科学, 10, 505-517.

Morris, C. A. S., Denham, S. A., Bassett, H. H., & Curby, T. W. (2013). Relations among teachers' emotion socialization beliefs and practices and preschoolers' emotional competence. *Early Education and Development*, 24, 979-999.

Neal, J. W. Durbin, N. C., Gornik, A. E., & Lo, S. L. (2017). Codevelopment of preschoolers' temperament traits and social play networks over an entire school year. *Journal of Personality and Social Psychology*, 113, 627-640.

野澤祥子.（2010）．1～2歳児の葛藤的やりとりにおける自己主張に対する保育者の介入―子どもの行動内容との関連の検討―.東京大学大学院教育学研究科紀要, 50, 139-148.

野澤祥子.（2011）．1～2歳の子ども同士のやりとりにおける自己主張の発達的変化．発達心理学研究, 22, 22-32.

野澤祥子.（2013）．歩行開始期の仲間同士における主張的やりとりの発達過程：保育所1歳児クラスにおける縦断的観察による検討．発達心理学研究, 24. 139-149.

大内晶子・長尾仁美・櫻井茂男.（2008）．幼児の自己制御機能尺度の検討－社会的スキル・問題行動との関係を中心に－. 教育心理学研究, 56, 414-425.

Raver, C. C., Jones, S. M., Li-Grining, C. P., Metzger, M., Champion, K. M., & Sardin, L. (2008). Improving preschool classroom processes: Preliminary findings from a randomized trial implemented in Head Start settings. *Early Childhood Research Quarterly*, 23(1), 10–26.

Saarni, C. (1999). *The Development of Emotional Competence*. The Guildford Press.

Sette, S., Spinrad, T. L., & Baumgartner, M. (2017). The Relations of preschool children's emotion knowledge and socially appropriate behaviors to peer likability. *International Journal of Behavioral Development*, 41, 532-541.

田中あかり.（2013）．幼児の自立的な情動の調整を助ける幼稚園教師の行動：幼稚園3歳児学年のつまずき場面に注目して. 発達心理学研究, 24, 42-54.

田中あかり.（2015）．幼児のつまずき場面における幼稚園教師の「敢えて関わらない行動」の働き―幼稚園3歳児学年と4歳児学年の発達的変化に応じて―. 保育学研究, 53, 44-55.

第8章　学校における情動と発達

久保田（河本）愛子・利根川明子

1　はじめに

小学校への入学以降，子どもは生活の大部分を学校で過ごし，毎日を同じ学級集団の中で生活するようになる。学校の中でも，「勉強がわかってたのしい」，「先生にほめられてうれしい」，「友だちにからかわれて腹が立つ」など，子どもは様々な情動を経験し，表出している。子どもが学校でどのような情動を経験し，それに伴い教師がどのような支援を行うかということは，学校での学習や発達，そして教師の学級運営にとっても重要になる。学級で楽しさや興味を多く経験することは学習への動機づけを高める可能性があり，一方で，子どもたちの怒りや不安に対して何らの支援もされない学級の下では，学級集団内の関係性が悪化し，学級の荒れにつながる可能性があるなど，学校での子どもの情動とその支援を考えることは，実践にとっても意義が大きいと考えられる。

本章では学校生活における「教科学習」と「教科外の活動」の２領域について，そこでの情動の役割と発達との関連について論じ，教科学習に関しては，「学習に伴う情動経験」「子どもの情動と教師の関わり」「学級全体の感情風土」の３つの観点から，教科外の活動に関しては，「子ども同士の関係性」に着目し，学校の中で育まれる情動について論じる。

2　教科学習と情動

（1）学習に伴う情動経験

教授学習に関する先行研究では，学習に関わる認知の問題が中心的に検討され，情動の問題は，過小評価されてきた（Meyer & Turner, 2002)。しかし，「実験が面白いから，理科の授業に参加するのを楽しみにしている」，「テストの点数が低くて悔しいから，もっと勉強しよう」など，学習の過程で子どもが経験する情動も，学習動機づけと密接に絡み合っている。

実際に，ペクルン（Pekrun, R.）は，教科学習に伴って子どもが経験する喜びや落胆，退屈といった気持ちを「達成関連感情（achievement emotion)」と呼び，学習動機づけや学業成績との関連を検討している（e.g., Pekrun, Goetz, Frenzel, Barchfeld, & Perry, 2011)。たとえば，ペクルンら（Pekrun, Elliot, & Maier, 2009）は，自己報告式の達成関連感情尺度（Achievement Emotions Questionnaire: AEQ）を用いて，中間テスト後の中学生の達成関連感情を測定し，テスト後のネガティブな感情が学習動機づけを低下させてしまう一方，ポジティブな感情が効果的な学習方略の使用を促し学習動機づけを向上させることを示している。

また，田中（2015）は，小・中・高校生の理科への興味について調査し，理科に対する興味や知識や価値の認知が備わっていない段階では，学習の価値の認知をいきなり高めようとしても効果がないことを指摘している。価値の認知を高めるためには，まずは「自分で実験を実際にできるから（おもしろい)」といった浅い興味を喚起させ，理科の学習に向かわせることが重要であり，知識が蓄積されてきたところで「規則や法則の意味を理解できるから（おもしろい)」といった深い興味へとつなげることが効果的であるとしている。

教科学習の過程で子どもが経験する情動は，子どもの学習動機づけや学習についての認知，学習内容の理解において重要な役割を果たしていると言える。

（2）子どもの情動と教師の関わり

子ども個人の情動だけでなく，教師と子どもの関わりも重要である。特に，学校で子どもが経験する情動は，必ずしも個人に限られたものではなく，周りの子どもも含めた学級全体で共有されるという側面がある。いらだつ子どもに対して教師が学級の子どもたちの前で叱責した場合，叱責された本人だけでなく，周りの子どもたちも「先生は自分たちの気持ちをわかろうとしてくれない」と思うかもしれないし，不安げな子どもに教師が寄り添う様子を見て，「この先生は不安なときに頼りになる存在だ」と感じるかもしれない。あるいは，教師が子ども同士のいざこざの仲裁に入ることで，周囲の子どもたちがそれをモデルとして効果的な葛藤解決の方法を学んでいく場合もある。特定の子どもの情動に対し，教師がどのように関わるかという問題が，学級の子どもたち全員の問題にもなりうると言える。

実際に，先行研究では，子どもの情動に対する教師の関わり方が学級の子どもの学習動機づけや学業成績に影響することが示されている。たとえば，パトリックら（Patrick, Ryan, & Kaplan, 2007）は，自己報告式の質問紙を用いて，「怒ったり悲しんだりした時，担任の先生が自分の気持ちをやわらげてくれる」など，子どもが知覚する教師からの感情サポート（emotional support）の効果について検討している。パトリックら（Patrick et al., 2007）は，小学校５年生を対象に調査し，教師からの感情サポートを多く知覚している児童ほど，課題そのものの熟達を目指す習得目標志向性や，効力感が高く，そうした動機づけ信念が高いことで授業へのエンゲージメントも高まることを示している。

また，ピアンタら（Pianta, La Paro, & Hamre, 2008）は，Classroom Assessment Scoring System（CLASS）と呼ばれる学級での相互作用の第三者評定指標を用いて，教室内で観察された思いやりや，否定的態度の少なさ，児童のニーズに対する教師の敏感性を学級レベルの感情サポートとして検討している。レイズら（Reyes, Brackett, Rivers, White & Salovey, 2012）は，CLASS（Pianta et al., 2008）を用いて，小学校５・６年生の学級を対象に調査を行い，学級内の感情サポート得点が高い学級ほど，児童の学習に対するエンゲージメントが高く，学業成績も高いことが示されている。

学級の中で教師が子どもの情動にいかに関わるかということが，教科学習においても重要な役割を果たすことが実証的にも明らかにされつつあると言える。

（3）学級全体の感情風土

学級集団全体がどのような感情的な雰囲気を持ち，子どもにとってどのような場であるか，ということも子どもたちの学校生活にとって重要である。学級全体の感情的な雰囲気は，感情風土（emotional climate）と呼ばれている（Reyes et al., 2012）。学級の成員である子どもたち自身も，「怒りっぽい子」「照れやすい子」など，個々に異なる感情特性（emotional traits）を備えている。学級の感情風土は，教師が子どもたちにどのように関わるかということに加え，学級に所属する子どもたちがどのような感情特性を備えていて，学級の中でどのような情動を経験し表出しやすいのか，という情動に絡む子どもたちの経験と相互作用の積み重ねの中で形成されていく。

たとえば，利根川（2016）は，小学校４～６年生を対象に，喜びや興味，怒り，悲しみといった情動を学級で表出することの効果について検討し，情動表出の程度は，子ども個人ごとに異なるだけでなく，学級ごとに類似性が見られることを示している。その上で，利根川（2016）は，学級での情動表出と，「このクラスにいると落ち着く」といった学級の子どもの主観的な学級適応感（江村・大久保, 2012）との関連を検討し，ポジティブな情動が多く表出される学級に所属する子どもたちは主観的な学級適応感が高く，ネガティブな情動が多く表出される学級に所属する子どもたちは主観的な学級適応感が低い傾向にあることを示している。

また，子どもの情動について教師がどのような信念を持ち，学級での実際の相互作用がどのように展開されているかということも重要になる。ゼンバイラス（Zembylas, M.）は，授業中の相互作用における情動に焦点を当てた長期エスノグラフィック研究（Zembylas, 2002, 2004, 2005）を通して，教室での教授学習過程における児童の情動表出の重要性を示唆している。たとえば，ゼンバイラス（Zembylas, 2004）は，熟達した教師が担任する小学校低学年の教室での相互作用の分析から，授業中の子どもの多様な情動表出を許容するような感情ルール（emotional rules）を教師が構成していくことで，教科学習に伴う子どもたちの授業内の対話の深まりが見られたことを報告している。

このように，認知的なプロセスに目が向けられがちな教科学習においても，学級全体の感情風土がいかなるものであるのかということが，子どもたちの学習を左右することが実証的にも示されつつある。こうした学級全体の感情風土づくりについて考える際には，教師の関わり方や信念の問題と，学級に所属する子どもたち自身の情動特性がいかなるものであるのかという点の両輪に目を向けていく必要があるだろう。

3　教科外の活動と情動

日本の学校においては，教科外活動として，児童・生徒会，委員会，学校行事をはじめとした「特別活動」が正式なカリキュラムとして実施されている。特別活動は児童生徒の社会情緒性の育成を企図し，集団活動を基盤として活動が行われる点に特色がある。本節では特別活動のうち，学校行事を例に，教科外活動における情動経験の発達上の役割について論じる。

（1）学校行事における情動経験の効果

学校行事は正式なカリキュラムであるがゆえに，全児童生徒が多かれ少なかれ活動に参加する。しかし，これらの活動を児童生徒の発達上，意味あるものにするためには，単に多くの時間を準備・練習に費やさせるのではなく，その活動に児童生徒が感情的に傾倒し没頭しているかに目を向けることが重要である。たとえば，大学生が，中学・高校で経験した学校行事体験を振り返った調査では（河本, 2014），行事の準備・練習に傾倒したという感情面での参加感が，学業や進路選び，他の行事といった学校での活動に更に傾倒することに関連していた他，問題解決への積極性や他者統率の熟達，集団への肯定的な感情養成といった面での成長感にも関連していた。その一方で，学校行事に多くの時間を準備・練習に費やしたという参加量は，感情面での参加感ほどには，先に述べた成長感の大きさと関連していなかった。

また，集団活動での集団の凝集性の高まりが個人の発達上，重要であることを示唆した研究もある。中学校の文化祭における学級劇を対象とした研究では，係の小集団がまとまり発展したと認識した生徒は，さほどまとまらなかったと認識した生徒よりも，文化祭前後の自主性，協力，運営，他者からの理解，他者への理解の伸びが大きかった（樽木・石隈, 2006）。同研究は，小集団の発展や生徒の発達に資する教師の援助の仕方についても検討しているが，その結果，有用な教師の援助として示されたのは，葛藤解決への援助的支援であった。葛藤解決への援助的支援には，生徒の考えを実現可能なものにするアドバイスや活動や各係の必要性や意味を伝えるといった項目が含まれ，教師が生徒の活動が円滑に進むよう援助することが重要であることがうかがえる。

これらの知見を情動という観点から考えると，学校行事は，学級や学年といった制度上，形成された集団を基盤として，様々な好みや意欲，意見をもった児童生徒と協働するよう求める構造となっているため，児童生徒の楽しさや傾倒などのポジティブな感情を喚起し得る一方で，同時に活動の進め方への不満や，自身が好きでない活動に従事せざるを得ない葛藤といったネガティブな感情も喚起しやすい活動であるといえる。そのため，児童生徒の感情状態に注意を向け，児童生徒が一定程度ポジティブな感情を経験できるよう援助することが，児童生徒の発達を支える上で必要と考えられる。

ただし，児童生徒がネガティブな感情を，ほとんど全く経験しなくて済むよう，教師が先回りして環境構成することが推奨されるわけではない。先述した文化祭の研究で有用と示された教師の葛藤解決の援助も（樽木・石隈，2006），生徒が葛藤というネガティブな感情を経験した上で，それが解消されるという一連のプロセスを経ているからこそ，有用であった可能性がある。無論，児童生徒の感じるストレスが大きくなりすぎないよう教師が配慮し，事前に働きかけを行う必要のあるケースはあるものの，総合的に振り返った際，集団で一体となって準備・練習することの楽しさや成功した達成感といったポジティブな感情が感じられれば，自身が葛藤を抱えた体験も含め，その後の発達に有用に作用する可能性がある。

学校行事は，児童生徒が活動の当事者として仲間集団と関わり，正負様々な感情を体験する中で，その感情が有する情動の機能を積極的に発達に活かす学びのシステムである。人と接する上で有効と考えられる知識を教師が「教え込む」ことで，対人的な学びを深めようとする形とは異なるのである。こうした活動において重要な点は，刻一刻として変化する状況下，状況に即して，時にはネガティブ感情も含めて情動的に熱くなり，その情動の性質や働きを学べる生きた学習の場を設定することなのかもしれない（遠藤，2013）。情動的に熱くなる児童生徒の心の動きを教師が見守り，児童生徒と共に楽しんだり，ときに生じる不満や葛藤につき合い，解消していく中で，児童生徒が最終的に学校行事を振り返った際，ポジティブな情動が優位に感じられるよう援助を行っていくことが，児童生徒の社会情緒面の育ちを支える上で重要なのではないか。

（2）仲間集団関係をベースにした情動

特別活動の特徴が集団活動を基盤とした点にあることを考えると，児童生徒の発達上，重要な意味をもつと考えられる仲間集団の特徴を理解することもまた，支援を行う上でのヒントとなるだろう。子ども同士の関係性が発達上もたらす影響を提唱した理論の一つに集団社会化理論がある（Harris, 1995）。この理論では，児童生徒の社会性の発達に対して，長期にわたり影響を及ぼす要因として，仲間集団が重要であると提唱されている。中でも，注目されているのは仲間集団内で生じる同化と差異化（within-group assimilation and differentiation）という２つの作用である。

集団内での同化とは，自分がある集団の一員であると認識する中で，そこで守るべきとされる明示的，暗黙的な規則や規範に従い，その集団のメンバー「らしく」なっていくプロセスをいう。たとえば，運動会を通して，学級への所属意識が醸成されると，児童生徒は，その後，その学級のメンバー「らしい」と考えられる行動やそこで守るべき規範に敏感になり，その学級「らしい」行動をとるようになる。これが長期にわたり続けば，その所属集団に受容される行動が，その児童生徒に身に付くと想定される。

一方，集団内での差異化とは，集団メンバーと自身を比較する中で，自分のどの能力や資質が，他の人にない固有のものなのかを知り，他のメンバーとは異なる方向に人格形成が導かれるプロセスをいう。たとえば，運動会の準備を通して，絵を描くことが上手いと認められた児童生徒がいたとしよう。そうすると，その子は，運動会後も，ことあるごとに，その得意分野を周囲から認められる可能性が高まり，自己効力感や自尊感情の発達につながり得ると考えられる。このような集団内での差異化は，絵を描くこと以外にも，学業や運動，音楽面，統率力といった様々な領域で生じる可能性がある。

ただし，こうした仲間集団内での同化や差異化は，子ども任せにしているだけでは，社会に受容される方向に向かっていくとは限らない。ともすれば仲間集団での経験が，逆に児童生徒の反社会的な行動や劣等感を助長する原因にもなり得る。そのため，集団社会化理論では，児童生徒の集団形成に深く関わり得る大人として，教師の重要性が指摘されている。

教師の支援法については，理論的な提示に留まり（Harris, 1998），実証的な研究は未だ乏しいため，今後，研究を蓄積していく必要がある。しかし，教師が児童生徒の同化や差異化を促進する有用な手立てを考える上で，仲間集団内で生じる情動の機能を考慮し，支援法を模索することはできるかもしれない。情動には，集団レベルでの機能として，集団の帰属意識を高めたり，集団に関わる役割や地位を定義，調整する役割があるといわれている（Keltner & Haidt, 1999）。たとえば，合唱コンクールの練習場面で，隣の学級が本番に向けて熱心に練習している様子を見て，「自分達のクラスの練習はこれで大丈夫だろうか」と不安や焦りを感じる経験や，「クラス全体で良い合唱ができた」と喜びを分かち合う経験は，いずれも学級への帰属意識を高め，所属集団に同化しやすい状態を形成すると考えられる。また，学校行事で，ある児童生徒が他メンバーに対して怒りを表出することは，それを表出した個人の集団の中での地位の高さを他の集団メンバーに認識させる機能を有するかもしれない。

こうした感情の機能を考えると，教師が児童生徒の情動面への支援を通して児童生徒の同化を促す場合には，児童生徒が，集団全体として共通した感情を経験し，その感情の有する機能の恩恵を受けやすいよう，集団に働きかけたり，集団全員が共通の体験をできる場を意図的に設定したりすることができるかもしれない。また，差異化という観点では，準備に真面目に取り組んでいない人が多い等，教師から見て望ましい集団規範が守られていないときに，教師が率先して集団を統制するのではなく，あえて，リーダー役の児童生徒に対して，全体への怒りを表出し集団への統制を行うよう促すことで，児童生徒集団の階層的関係を形成し，リーダー役の児童生徒の差異化につなげることができるかもしれない。今後，情動という観点からみて，どのような支援が，子ども同士の中で経験される同化や差異化を促すことが出来るかを実証的に検討していくことが，児童生徒の長期にわたる発達を支える支援法を見つけ，価値づける上で必要と考えられる。

【文　献】

江村早紀・大久保智生.（2012）．小学校における児童の学級への適応感と学校生活との関連一小学生用学級適応感尺度の作成と学級別の検討 *発達心理学研究*, *23*, 241-251.
遠藤利彦.（2013）.*「情の理」論.* 東京：東京大学出版会.
Harris, J. R. (1995). Where is the child's environment? A group socialization theory of development. *Psychological Review, 102*, 458-489.
Harris, J.R. (1998). *The nurture assumption: why children turn out the way they do*, Simon & Schuster.（石田理恵（訳）.（2000）. 子育ての大誤解―*子どもの性格を決定するものは何か*. 東京：早川書房.）
Keltner, D., & Haidt, J. (1999). Social functions of emotions at four levels of analysis. *Cognition and Emotion, 13*, 505-521.
河本愛子.（2014）. 中学・高校における学校行事体験の発達的意義: 大学生の回顧的意味づけに着目して. *発達心理学研究*, *25*, 453-465.
Meyer, D.K., & Turner, J.C. (2002). Discovering emotion in classroom motivation research. *Educational Psychologist*, *37*, 107-114.
Patrick, H., Ryan, A. M, & Kaplan, A. (2007) Early adolescents' perceptions of the classroom social environment, motivational beliefs, and engagement. *Journal of Educational Psychology*, *99*, 83-98.
Pekrun, R., Elliot, A. J., & Maier, M. A. (2009). Achievement goals and achievement emotions: Testing a model of their joint relations with academic performance. *Journal of Educational Psychology*, *101*, 115-135.
Pekrun, R., Goetz, T., Frenzel, A. C., Barchfeld, P., & Perry, R. P. (2011). Measuring emotions in students' learning and performance: The Achievement Emotions Questionnaire (AEQ). *Contemporary Educational Psychology*, *36*, 36-48.
Pianta, R., La Paro, K. M., & Hamre, B. K. (2008). *Classroom assessment scoring system manual: K–3*. Baltimore, MD: Brookes.
Reyes, M. R., Brackett, M. A., Rivers, S. E., White, M., & Salovey, P. (2012). Classroom emotional climate, student engagement, and academic achievement. *Journal of Educational Psychology*, *104*, 700-712.
田中瑛津子.（2015）. 理科に対する興味の分類：意味理解方略と学習行動との関連に着目して *教育心理学研究*, *63*, 23-36.
樽木靖夫・石隈利紀.（2006）. 文化祭での学級劇における中学生の小集団の体験の効果: 小集団の発展, 分業的協力, 担任教師の援助介入に焦点をあてて. *教育心理学研究*, *54*, 101-111.
利根川明子.（2016）. 教室における児童の感情表出と学級適応感の関連 *教育心理学研究*, *64*, 569-582.
Zembylas, M. (2002). "Structures of feeling" in curriculum and teaching: Theorizing the emotional rules. *Educational Theory*, *52*, 187–208.
Zembylas, M. (2004). Young children's emotional practices while engaged in long-term science investigation. *Journal of Research in Science Teaching*, *41*, 693-719.
Zembylas, M. (2005). *Teaching with emotion: A postmodern enactment*. Charlotte: Information Age Publishing, Inc.

第Ⅳ部

情動の非定型発達とその支援

第9章　ASD・ADHD・LD児者の情動の特質とその支援

高橋　翠

1　はじめに

本章では，自閉スペクトラム症（Autism Spectrum Disorder；ASD）と注意欠如／多動性障害（Attention Deficit/ Hyperactivity Disorder；ADHD），学習障害（Learning Disorder；LD※注1）をもつ子どもや青年の情動（感情）に関する近年の研究動向を概観する。

３つの発達障害のうち，ASDはその診断基準（アメリカ精神医学会による精神障害の診断と統計マニュアル，以下DSM-5）に情動にまつわる特徴が明記されている。ADHDとLDは診断基準に情動面での症状は含まれていないが，各々の障害の中核的症状によって，対人・社会生活の中で頻繁にネガティブ情動を経験すること，それが抑うつや不安障害などの二次的障害を引き起こすリスクとなることが指摘されている。そこで本章では彼らの情動の特異性を，日常生活における意味を参照しながら解説する。

2　ASD児の情動の特質

（1）他者の情動の知覚・認知における特異性

①表情認知

ウルジャレビッチとハミルトン（Uljarevic & Hamilton, 2013）は，ASD児

※注1　なお，DSM-5では限局性学習症／限局性学習障害（Specific learning disorder；SLD）となり，呼称と診断基準が変更されているが，本章では社会的な認知度の高い，それ以前の呼称を用いることとした。

（者）の表情認知を調べた先行研究のメタ分析を実施した。その結果，概してASD児（者）の表情認知課題の成績は悪く，特に「恐れ」の表情認知課題の成績が悪かった。タナカとサング（Tanaka & Sung, 2016）は，ASD児（者）は他者の目に注意を向けない傾向にあるため，目の周囲の変化を特徴とする怒り／恐れ表情の認知に困難が生じると論じている。

②情動的発声

ASD児（者）では表情や人物の感情描写に合致した情動的発声（感情的な要素が入った声）を選ぶ課題や，表情動画に合致する情動的発声を行う課題の成績が悪い傾向にある（Tardif et al., 2007；Wang et al., 2007）。ただし，刺激に対する注意を促したり（Wang et al., 2007），刺激の呈示速度を落としたりした場合には（Tardif et al., 2007），声から情動を判別する課題の成績が向上することも示されている。

（2）自己の情動認知における特異性

ASD児（者）は自身の身体に生じた情動反応を知覚したり，自身の経験に照らし合わせて特定の情動を感じたりすることに困難を抱える傾向にある。例えばシャロムら（Shalom et al., 2006）は，情動を喚起する写真を見せられた際の生理的・心理的情動反応を調べたところ，生理的反応（皮膚電位反応）の反応にはASD児と定型発達児の間で違いは見られなかった。その一方で，ASD群は定型発達児に比べて，快刺激・不快刺激共に，主観的な情動反応の振れ幅が少ない傾向が見られ，身体に生じた情動反応が正しく意識化されていない可能性が示唆された。

3 自他感情の知覚・理解の特異性に関する近年の論争

（1）感情症とASD児の情動の特異性との関連

ASD児（者）の情動の知覚・認知の困難は，ASDの症状それ自体でなく，失感情症が併発しやすいことに起因するという議論がある。例えば，失感情症傾向の低いASD者では表情識別課題の成績が定型発達群と同程度に良好であったことが指摘されている（Bird & Cook, 2013）。

（２）情動の特異性の起源としての人関連刺激に対する注意・関心の初期バイアス

自己や他者の情動の認知や共感性の低さといったASD児の情動の特異性は，ASD症状の中核的要素ではなく，より原初的な神経学的疾病に端を発する発達性の二次的障害である可能性が指摘されている。これは，ASD児において１歳未満から認められる，人に関わる刺激（顔や声など）に対する極端な注意・関心の低さ（他者に対する動機づけ障害；例えばシュバリエら（Chevallier et al., 2012））が，自他の情動認知の発達において極めて重要となる情報の入力や学習機会の極端な不足・はく奪につながることで，自他の情動認知に関わる情報処理能力の発達や熟達化（迅速化・効率化）が阻害されるという考え方である。

（３）情動表出の特異性

ASD児（者）は行動と情動表出が一致しない傾向にあることが指摘されている。例えば，コスタら（Costa et al., 2017）は魅力的なおもちゃを実験者に取られるという場面を設定し，ASD児の反応を観察した。その結果，ASD児では他者のネガティブな行動（実験者をたたく，だめと言う，おもちゃを隠す）に対して無表情やポジティブ表情が随伴する傾向がみられ，定型発達児に比べて行動と表情の不一致が大きかった。

（４）自他の情動の知覚・認知の支援に向けて

日常的な相互作用場面では，様々な情動関連情報が顔や発声，ジェスチャーなどの形でマルチモダルに，時として矛盾する複数の情動が入り混じった状態で，そして必ずしも明瞭でない形で表出され続ける。したがって，実験室状況では情動認知課題を通過するASD児（者）であっても，処理負荷の高い対面での相互作用に困難を抱えやすいかもしれない。支援場面では，情動に関する情報に注意や関心が引き付けられやすいようにする，情動に関する情報を明瞭・単純化したりすることが有効であるかもしれない。同様に，ASD児（者）の支援・治療の際にあたっては，例えば苦痛に関わるエピソードを語っているのに語りの内容からは苦痛の強度が伝わらない，笑顔でそれを語るといったように，彼らが自身の身体で体験した（ている）情動を的確に読み取り，それを表情や言語で適切に表現したりすることにも困難があることに留意しておく必要がある。

（5）自己の情動制御における特異性

ASD児（者）は自身の情動制御にも困難を抱えやすい。マゼフスキーら（Mazefsky et al., 2013）はASD児（者）における情動制御（Emotion Regulation）に関する先行研究を概観し，以下の７つの要素を彼らの情動面での困難さの原因として挙げている。

1. 情動が組織化されておらず目標志向性も低い（何が原因となり，どのような情動が生じるかということが秩序立っていない）；情動が外的環境に対する適応的反応として生起するのではなく，より内的な状態に突き動かされた反応としてある
2. ネガティブ情動／苛立ちのベースラインがより大きく，激しい
3. 過覚醒（交感神経系が過度に活性化し，緊張や感覚の鋭敏化，不眠が生じている）の可能性がある
4. 扁桃体／前頭葉の機能と結合性の異常が，情動制御と社会的行動に影響を与える
5. 課題解決能力の低さ，頑固さ，固執／切り替えの悪さといった，視点取得能力の障害
6. 周囲の環境刺激にフィルターをかけることや，自他の社会的・情緒的な手がかりを利用することが困難（情動を喚起させるトリガーが特異である）
7. 気分障害や不安障害といった精神医学的問題の存在

ASD児（者）が有効な情動制御方略を使用できない場合，かんしゃくや攻撃性，自傷といった衝動的反応が生起しやすく，精神疾患・障害のリスクも高まることが指摘されている。マゼフスキーら（Mazefsky et al., 2013）は二次障害の予防に向けて，生活の中で苦痛を経験する頻度を減らす，適応的な情動制御

方略の獲得を促す，過覚醒が認められる場合には投薬などでそれを抑制することが有効であるとしている。また，彼らは適応的な情動制御方略の獲得を促す心理教育の重要性を強調した上で，まずは複数の文脈・状況でASD児の行動を注意深く観察し，養育者やASD児（者）自身の報告も加味した上で，有効な方略を検討することを推奨している。なお，ASD児（者）は学習した事柄の般化・応用が難しいため，どのような場面で，どのような情動を体験し，その状態になった時にはどのような行動を取るべきかといった具合に，状況・場面と情動制御方略の具体的な対応づけも支援に含めるべきであるとしている。

4　ADHD児の情動の特質

（1）他者の情動の知覚・認知

ボラとパテリス（Bora & Patelis, 2016）はADHD児（者）の情動認知や心の理論を扱った先行研究のメタ分析を行った。その結果，ADHD児（者）は定型発達児（者）に比べて表情や声から情動を識別する課題と，心の理論課題の成績が概して悪く，とりわけ「怒り」や「恐れ」表情の認知が困難であった。ただしその一方で，成人のADHD者では定型発達者と比べてほとんど差が見られず，大部分のADHD児では発達に伴い社会的認知能力が向上することがわかった。ADHD児における社会的認知の困難は，彼らの不注意により，注意を向けるべき他者の情動シグナルを見落としてしまうことが原因である可能性がある。

情動経験と他者の情動の知覚・認知との関連

ウィリアムら（Williams et al., 2010）は，怒り表情を含む他者のネガティブ情動手がかりに対して過度に敏感であること（強い反応を示してしまうこと）が，ADHD児（者）の情動知覚・認知の妨げとなる可能性を指摘する。例えばラポートら（Rapport et al., 2002）の研究では，定型発達者においては情動をより強く経験する者ほど他者の情動手がかりから情動を正確に識別できたが，ADHD者ではその反対に，情動をより強く経験する者ほど情動の識別が不正確であった。

(2) 情動制御における特異性

ADHD児 (者) は定型発達者に比して情動制御に困難を抱えやすい (Sjöwall et al., 2013)。これはADHDの中核症状である抑制機能の問題に起因すると考えられている※注2。例えば，特に妨害刺激がネガティブ情動を喚起するものである場合，ADHD児はネガティブ情動刺激に対する反応の抑制が困難であるために，定型発達児に比べて課題の反応時間が遅くなる (Van Cauwenberge et al., 2015)。

ADHD児における情動制御の困難さは，抑うつや不安障害，強迫性障害といった内在化問題，行為障害等の外在化問題や自傷や犯罪リスクとなる (Chronis-Tuscano et al., 2016)。ADHD児 (者) はネガティブ情動を立て直す能力 (感情的なレジリエンス)，特定の目標を達成するための行動を起こすために自らを動機づけ，それを維持する能力，そして将来の出来事に対して気持ちを準備する力が弱いことも指摘されている (Williams et al., 2010)。

ADHD児 (者) の情動制御能力の発達に対して，養育者は日々の生活の中で，子どもの情動に対する反応，子どもの情動に関する話し合い，親自身の情動表出を通じて影響を与えると考えられている。また，情動制御のコーチとしての役割も重要であることが指摘されており，例えばカミンスキーら (Kaminski et al., 2008) はADHD児が感じている情動を適切に読み取り，情動表出を援助することが特に情動制御能力の発達に対して効果的であるとしている。しかしADHD児の養育者は子どもとの相互作用においてネガティブ情動を多く経験し，自身の情動をコントロールすることが難しいことが指摘されている (Chronis-Tuscano et al., 2016)。これはADHDの症状が養育者の敵対的な感情を誘発しやすいことが一因であると考えられる。したがって支援・臨床場面では，養育者と子どもの関係性と，場合によっては，養育者自身の情動制御に対する支援も視野に入れる必要がある。

※注2 Berger et al. (2007) はADHDにもサブタイプが存在し (抑制機能障害はその一部)，神経病理学的原因やその後の発達軌跡が異なる可能性があるとしている。

5　LD児の情動の特質

LD児（者）が日常生活（特に学業場面）においてネガティブ情動を頻繁に経験し，それが社会情緒的適応上のリスクとなる一方で，LD児（者）の精神保健サービスの利用とそれに向けた体制作りや，効果的な心理療法の開発に向けた心理学的研究が特に遅れている（Arthur, 2003）。

LD児は課題自体にネガティブ情動を感じるだけでなく，課題がうまくできないかもしれないというパフォーマンスに対する不安や，課題の失敗によって生じる様々なネガティブ情動にも対処しなければならず，そうしたネガティブ情動は課題のパフォーマンスの低下を引き起こす（Tsovili, 2004）。その結果，LD児は次第に課題に取り組んでいる際に生じる出来事は自分ではコントロールできないものであるという信念を持つようになり，怒りと課題に対する無関心との間を行ったり来たりするようになる（Gentile & McMillan, 1981）。

なお，家族を含む周囲の人々が支持的である場合には，LD児（者）の自尊心が高い状態に保たれる傾向にある（Stampoltzis & Polychronopoulou, 2009）。同様に，ツリエルとショムロン（Tzuriel & Shomron, 2018）は，小学生を対象とした研究において，母親の温かで支持的な養育態度や，障害や困難の受容，子どもが認知課題を行っている際の的確な援助／足場かけ方略（具体的には，注意を課題に戻したり，子どもが気づいていない点を指摘したりする等）が，その場で実施した認知課題成績だけでなく，子どものレジリエンス（様々な能力や自立性）の自己評価の高さに結びついていたことを明らかにしている。

一方で，LD児は支援者に自身の困難を共感してもらえないと感じる場合があることも指摘されている（Willner, 2005）。したがって，支援場面では先ず本人の視点や立場を理解し，困難や苦痛に対して共感的に関わることが必要であると考えられる。

6　おわりに

本章で挙げた３つの発達障害は併存・併発しやすい（概説としてReiersen & Todd, 2008）。したがって，支援の際にはある時点で顕著に表れている障害や発達特性のみにとらわれることなく，「発達障害の要因がどの程度その人の精神状態および生活の質に影響を及ぼしているか」（本田, 2017）という視点をもつことが重要である。その際には，本人の特性だけに注目するのではなく，発達特性やそれ以外の特性（パーソナリティなど）がいかにして現在の，あるいは特定の場面における心理・情緒面の適応／不適応に結びついているのかということを，周囲の物的・人的環境との相互作用（モノや人との関係性）も含めて，全人的・発達的に捉えていくことが肝要である。

【文　献】

Arthur, A. R. (2003). The emotional lives of people with learning disability. *British Journal of Learning Disabilities*, 31(1), 25-30.

Berger, A., Kofman, O., Livneh, U., & Henik, A. (2007). Multidisciplinary perspectives on attention and the development of self-regulation. *Progress in neurobiology*, 82(5), 256-286.

Bora, E., & Pantelis, C. (2016). Meta-analysis of social cognition in attention-deficit/hyperactivity disorder (ADHD): comparison with healthy controls and autistic spectrum disorder. *Psychological medicine*, 46(4), 699-716.

Chevallier, C., Kohls, G., Troiani, V., Brodkin, E. S., & Schultz, R. T. (2012). The social motivation theory of autism. *Trends in cognitive sciences*, 16(4), 231-239.

Chronis-Tuscano, A., Lewis-Morrarty, E., Woods, K. E., O'Brien, K. A., Mazursky-Horowitz, H., & Thomas, S. R. (2016). Parent–child interaction therapy with emotion coaching for preschoolers with attention-deficit/hyperactivity disorder. *Cognitive and Behavioral Practice*, 23(1), 62-78.

Costa, A. P., Steffgen, G., & Samson, A. C. (2017). Expressive Incoherence and Alexithymia in Autism Spectrum Disorder. *Journal of Autism and Developmental Disorders*, 47(6), 1659-1672.

Gentile, L. M., & McMillan, M. (1981). Profiling problem readers: Diagnosis and prescription. *Academic Therapy*, 17(1), 47-56.

本田秀夫．(2017)．大人になった発達障害．*認知神経科学*, 19(1), 33-39.

Kaminski, J. W., Valle, L. A., Filene, J. H., & Boyle, C. L. (2008). A meta-analytic review of components associated with parent training program effectiveness. *Journal of abnormal child psychology*, 36(4), 567-589.

Mazefsky, C. A., Herrington, J., Siegel, M., Scarpa, A., Maddox, B. B., Scahill, L., & White, S. W. (2013). The role of emotion regulation in autism spectrum disorder. *Journal of the American Academy of Child & Adolescent Psychiatry*, 52(7), 679-688.

Neale, B. M., Medland, S. E., Ripke, S., Asherson, P., Franke, B., Lesch, K. P., ... & Daly, M.

(2010). Meta-analysis of genome-wide association studies of attention-deficit/ hyperactivity disorder. Journal of the American Academy of Child & Adolescent Psychiatry, 49(9), 884-897.

Rapport, L. J., Friedman, S. L., Tzelepis, A., & Van Voorhis, A. (2002). Experienced emotion and affect recognition in adult attention-deficit hyperactivity disorder. *Neuropsychology*, 16(1), 102.

Reiersen, A. M., & Todd, R. D. (2008). Co-occurrence of ADHD and autism spectrum disorders: phenomenology and treatment. *Expert review of neurotherapeutics*, 8(4), 657-669.

Shalom, D. B., Mostofsky, S. H., Hazlett, R. L., Goldberg, M. C., Landa, R. J., Faran, Y., ... & Hoehn-Saric, R. (2006). Normal physiological emotions but differences in expression of conscious feelings in children with high-functioning autism. *Journal of autism and developmental disorders*, 36(3), 395-400.

Sjöwall, D., Roth, L., Lindqvist, S., & Thorell, L. B. (2013). Multiple deficits in ADHD: executive dysfunction, delay aversion, reaction time variability, and emotional deficits. *Journal of Child Psychology and Psychiatry*, 54(6), 619-627.

Stampoltzis, A., & Polychronopoulou, S. (2009). Greek university students with dyslexia: an interview study. *European Journal of Special Needs Education*, 24(3), 307-321.

Tanaka, J. W., & Sung, A. (2016). The "eye avoidance" hypothesis of autism face processing. *Journal of autism and developmental disorders*, 46(5), 1538-1552.

Tardif, C., Lainé, F., Rodriguez, M., & Gepner, B. (2007). Slowing down presentation of facial movements and vocal sounds enhances facial expression recognition and induces facial–vocal imitation in children with autism. *Journal of Autism and Developmental Disorders, 37(8)*, 1469-1484.

Tsovili, T. D. (2004). The relationship between language teachers' attitudes and the state - trait anxiety of adolescents with dyslexia. *Journal of Research in Reading*, 27(1), 69-86.

Tzuriel, D., & Shomron, V. (2018). The effects of mother - child mediated learning strategies on psychological resilience and cognitive modifiability of boys with learning disability. *British Journal of Educational Psychology*, *88*(2), 236-260.

Uljarevic, M., & Hamilton, A. (2013). Recognition of emotions in autism: a formal meta-analysis. *Journal of autism and developmental disorders*, 43(7), 1517-1526.

Van Cauwenberge, V., Sonuga-Barke, E. J., Hoppenbrouwers, K., Van Leeuwen, K., & Wiersema, J. R. (2015). "Turning down the heat" : is poor performance of children with ADHD on tasks tapping "hot" emotional regulation caused by deficits in "cool" executive functions?. *Research in developmental disabilities*, 47, 199-207.

Wang, A. T., Lee, S. S., Sigman, M., & Dapretto, M. (2007). Reading affect in the face and voice: neural correlates of interpreting communicative intent in children and adolescents with autism spectrum disorders. *Archives of general psychiatry*, 64(6), 698-708.

Williams, F., & Hasking, P. (2010). Emotion regulation, coping and alcohol use as moderators in the relationship between non-suicidal self-injury and psychological distress. *Prevention Science*, 11(1), 33-41.

Willner, P. (2005). The effectiveness of psychotherapeutic interventions for people with learning disabilities: a critical overview. *Journal of Intellectual Disability Research*, 49(1), 73-85.

第10章 被虐待児の情動の特質と支援

本島優子

1 はじめに

虐待が子どもの発達に及ぼすネガティブな影響についてはこれまで数多くの研究で一貫して指摘されているところであり，被虐待児の情動の問題に関しても多くの研究知見が蓄積されている。本章では，被虐待児における情動の特質として，（1）情動認知・情動理解，（2）情動制御，（3）情動特性に着目し，それぞれの特徴について述べる。そして，被虐待児への支援として，トラウマに焦点を当てた治療を紹介し，支援の本質に迫りたいと思う。

2 被虐待児の情動認知・情動理解

ルークとバナジー（Luke & Banerjee, 2013）のメタ分析によると，被虐待児は非被虐待児と比べて全般的に情動認知や情動理解がより低いことが報告されている（それぞれ d = -0.309, -1.351）。以下では，被虐待児における情動認知と情動理解の特性について順に詳しく述べる。

（1）情動認知

一般的に，被虐待児は情動を正確に認識することが不得手であるとされる。たとえば，相手の表情から正確な情動を読み取ることができなかったり，情動を認識するまでにより長い時間を要したりする（Camras, Grow, & Ribordy, 1983）。一方で，被虐待児と非被虐待児との間で，情動認知の反応に差異は認められなかったとする研究も複数散見される（たとえば，Pollak & Shinha, 2002）。しかし，認知的反応に差異は認められなかったとしても，脳神経学的な反応において差異が生じることもあり，たとえばダンロッスキら（Dannlowski et al., 2012）の研究では，虐待やネグレクトを受けた経験は，怒り顔や恐れ顔に対する子どもの認知的反応の速さや正確さとは関連しなかったものの，子どもの脳の右側扁桃体の活動性の高さと関連したことが報告されている。近年では，こうした情動を認識する際に生じる脳神経学的反応にも関心が寄せられ，被虐待児の脳神経学的反応の特異性が明らかにされつつある。

なお，先に被虐待児は全般的に情動を正確に認識することが苦手であると述べたが，一部のネガティブ情動，特に怒りの情動に関しては，むしろ高い情報処理能力を示すことが知られている。すなわち，他者の怒りの情動に対しては，より速く正確に認識することができるのである（Pollak, Cicchetti, Hornung, & Reed, 2000）。被虐待児は，日常的に養育者からの暴力や攻撃的行動，敵意に曝されやすい情動的環境にあると想定される。そこでは，他者の怒りの表出を瞬時に察知し反応する過度に警戒的な知覚傾向が形成され，それが，次なる虐待的な行為に対して，一種の防衛方略として機能することになるのであろう。おそらく，養育者自身の，極端でネガティブな混乱した情動表出が，子どもが他者の情動を適切に認知していく学習過程を妨げ，より特異的な情動認知の発達を導いていくのではないかと考えられる。

（2）情動理解

情動が生じる原因やその結果を理解するより高次の情動理解については，上述の情動認知に関する研究ほど数は多くないものの，被虐待児の情動理解の特性に関してはかなり一貫した明確な結果が得られている。それは，被虐待児においては，特定の情動が生起されやすい状況や出来事，また情動表出の結果を適切に理解する力がより低いという知見である。たとえば，被虐待児はポジティブな出来事，ネガティブな出来事，そして正負あいまいな出来事のいずれも悲しみや怒りなどの情動の原因になると解釈したり（Perlman, Kalish, & Pollak, 2008），ネガティブな情動を表出したときに他者がどのように反応するかを尋ねられたときに極端で奇異な反応を予測したりする（Zimmerman, Howe, Tepper, & Parke, 1997）など，非被虐待児とはかなり異なった情動の理解の仕方を示すようである。また関連して，被虐待児は他者の行為の意図を敵意や悪意によるものと帰属しやすいことも指摘されている（Dodge, Bates, & Pettit, 1990）。こうした情動についての歪んだ解釈や不的確な理解が，被虐待児に特徴的な対人関係の困難さや問題の背景要因の一つとなっているのではないかと考えられる。

3　被虐待児の情動制御

情動制御は情動の生起や強度，表出を調整することを意味し，それは発達の早期段階から親子の関係性の文脈の中で徐々に育まれていくものである（Khoury, Gonzalezb, Levitanc, Masellisd, Basiled, & Atkinson, 2016）。特に生後数年間における養育者の行動の役割は大きく（Kim & Cicchetti, 2010），初期には養育者の助けに支えられながら情動が調整され，やがて子ども自身が自律的に適切なやり方で情動に対処できるようになる。しかし，虐待的な養育環境においては，子どもが情動的に混乱したときに，サポートや足場かけを与える存在として養育者が機能することは稀であり，子どもは情動状態を調整するための建設的な方略を学習していくことが困難である（Kim & Cicchetti, 2010）。むしろ，養育者自身が子どもを脅かす存在として子どもの情動的覚醒を高め，調整困難な情動状況を引き起こす。結果として，被虐待児においては，適切な情動制御方略が獲得されず，情動制御不全（過剰なあるいは抑制された情動反応，乏しい共感性，文脈的に不適切な情動表出など）に陥りやすいとされる（Kim & Cicchetti, 2010）。

現に多くの研究で，被虐待児は適応的な情動制御スキルが低く，情動の不制御がより高いことが明らかにされている。たとえばモーンとシチェッティ（Maughan & Cicchetti, 2002）の研究では，被虐待児の実に80%が不適切な情動制御パターン（過少制御タイプ／過剰制御タイプ／無反応タイプ）を示したことが報告されている。また，背景にある虐待的な親の特徴として，子どもの情動の正当化（子どもの情動経験を受容し，共感的理解を示す）や情動のコーチングが少なく，非正当化（子どもの情動経験を過小評価したり，非難したり，罰を与えたりする）の行為がより多く見られたことなども明らかにされている（Shipman, Schneider, Fitzgerald, Sims, Swisher, & Edwards, 2007）。

以上のことから，虐待的な養育環境においては，子どもは養育者の支えのもと適切な情動制御方略を学習していくことが困難であり，情動の調整や対処にあたってさまざまな問題を呈することが示唆される。

4 被虐待児の情動特性

被虐待児に見られる情動制御の困難さは，結果として，子どものネガティブな情動状態が持続していく，あるいはさらに高まっていくことを意味し，結果的に，そうした傾向がその子ども固有の情動特性として固定化してしまうことがあるようである。たとえば，被虐待児における情動制御の低さは，子どもの抑うつ症状を高めることが報告されている（Kim-Spoon, Cicchetti, & Rogosch, 2013）。被虐待児の抑うつ状態の高さは多くの研究で指摘されているところであり（たとえば，Kim & Cicchetti, 2006），深刻な情動的問題の一つとして把握される。また，被虐待児においては，情動の易変性やネガティビティが高いこと（Kim-Spoon et al., 2013），ネガティブ情動の表出が高いこと（Shackman & Pollak, 2014）も知られている。さらには，被虐待児においては攻撃行動も顕著であるが（たとえば，Holmes, Yoon, Voith, Kobulsky, & Steigerwald, 2015），これには子どもの常態的なネガティブ情動の高さが攻撃行動の誘因となっている可能性が考えられる。

総じて，被虐待児は不安定でネガティブな情動状態にあるといえるが，一方で，こうした情動状態が慢性化すると，防衛的な対処方略として，やがて情動の回避（情動の麻痺，停止，抑制）がなされるようになり，いわゆるアレキシサイミア（内的な経験の知覚の欠如）の問題へと発展する可能性がある（Nussbaum, 2014）。より最近の研究では，被虐待経験とアレキシサイミアとの関連性が報告されており（たとえば，Aust, Hartwig, Heuser, & Bajbouj, 2013），虐待と情動との関連について新たな視点で注目が高まっている。虐待が情動面に及ぼす影響の深刻さが改めて認識されるところであり，最新の研究動向が注視される。

5　被虐待児に対する支援

ここまで虐待が子どもの発達に及ぼす影響として情動に関わる問題を中心に述べてきたが，他にも被虐待児の心理的問題として，行為障害や反社会的行動，アタッチメントの問題，対人関係の問題，自己の問題など種々の問題が挙げられる（Maglione, Caputi, Moretti, & Scaini, 2018; Nussbaum, 2014）。幼少期における被虐待経験に起因する心理的問題は成人期以降も持続しうる可能性があるため（Nanni, Uher, & Danese, 2012），虐待による心の傷つきからの回復を支えるための適切な支援が非常に重要になる。

とりわけ，深刻な被虐待経験は子どもにとってトラウマ（心的外傷）となりうるものである。テア（Terr, 1991）によると，トラウマには事故や災害といった単発の出来事による外傷（タイプⅠ）と対人関係のなかで生じる複合的で長期的な外傷（タイプⅡ）に分けられる。子どもの被虐待経験は後者に該当するトラウマであり，適切なケアや治療がなされないと，複雑性心的外傷後ストレス障害（複雑性PTSD：対人関係の外傷に起因するストレス障害）の発症へとつながる可能性が高い。そのため，被虐待児への支援アプローチとしてはトラウマに焦点を当てた治療や介入が行われることが多い。

特に効果が実証されている治療法として，「トラウマフォーカスト認知行動療法（Trauma-Focused Cognitive Behavioral Therapy: TF-CBT）」（Cohen, Mannarino, Deblinger, 2012　亀岡・紀平・白川監訳，2015）がある。TF-CBTはもともと性的虐待を受けた子どもへのトラウマ治療として開発され発展してきたものであり，これまでの研究で虐待を含めたさまざまなトラウマへの治療の有効性が報告されている。治療の対象はトラウマを体験した３歳から18歳の子どもとその親（もしくは親に代わる養育者）であり，毎週１回・60〜90分・８〜16週の構造化された枠組みで，子どもセッション，親セッション，親子合同セッションが実施される（亀岡，2016）。認知行動療法を基盤としながらも，アタッチメント，家族療法，エンパワメントなどの要素も取り入れられており，「PRACTICE」という頭文字で要約されるプログラム内容（P：心理教育とペアレンティングスキル，R：リラクセーション，A：情動表出と調整，C：認知コーピング，T：トラウマナラティブの作成と処理，I：トラウマ想起刺激の実生活内での克服，C：親子合同セッション，E：将来の安全と発達の強化）で構成される。特に治療要素で重要なのが，トラウマナラティブの生成と処理の場面であり（亀岡, 2016），ここで子どもはトラウマ記憶に向き合い，トラウマ体験に関するナラティブを作成し，トラウマ処理を試みる。その際もし非機能的思考があれば，その特定と修正を図り，作成したナラティブを何度も見直し変容を図りながら，トラウマ記憶を徐々に克服していくことが目指される。

他にも，有効性が実証されているトラウマ治療として，「眼球運動による脱感作と再処理法（Eye Movement Desensitization and Reprocessing: EMDR）」（Shapiro, 2001 市井監訳，2004）があり，子どもへの適用と効果が報告されている（レビュー論文として，緒川・松本, 2017）。EMDRでは，精神力動療法，認知療法，行動療法，家族療法などの要素も取り入れられながら，8段階（生育歴・病歴聴取と治療計画，準備，評価，脱感作，植え付け，ボディ・スキャン，終了，評価）のプロセスで総合的な治療が行われる（Shapiro, 2001 市井監訳, 2004）。特に，トラウマ記憶の影響を軽減させる脱感作の段階と肯定的認知を構築させる植え付けの段階がトラウマ記憶の処理の核心部分となっている（山内，2018）。創始者のShapiroは，子どもに適用するにあたって，セッションの時間を短くすること，他の治療的技法（音楽，描画，箱庭など）を併用すること，眼球運動に指人形やおもちゃを使用することなどを提案している（緒川・松本, 2017）。EMDRは必ずしもトラウマ記憶をナラティブ化して扱う必要はないため，言葉で表現することのできない年少の子どもに対しても早期に援助を行う方法として適しているとされる（山内, 2018）。子どもを対象としたEMDRのレビュー論文によると，虐待といったタイプⅡのトラウマに対しても治療の効果が認められ，適用可能性が示されている（緒川・松本, 2017）。

なお，TF-CBTの基本理念として，安全・受容・信頼を感じることができる治療関係を築くことが強調されており（Cohen et al., 2012 亀岡他監訳，2015），また子どもを対象としたEMDRに関しても，子どもが治療の場や治療者に安全・安心を感じられることが重要とされており（山内，2018），両治療とも治療の前提として安全で安心な治療関係を重視している点が共通している。このことが示唆するのは，どのような治療技法であれ，被虐待児の支援には，子どもにとって安心・安全を感じられることが不可欠であり，それが支援の根幹になるということである。被虐待児の場合，養育者との関係性において，探索のための「安心の基地」や，慰めを得るための「安全な避難所」が十分に得られず，安心感の源泉となるアタッチメントに深刻な問題が生じやすい（たとえば，被虐待児に多くみられる無秩序・無方向型のアタッチメントタイプの問題：Carlson, Cicchetti, Barnett, & Braunwald, 1989）。本来，アタッチメントの機能は，ネガティブな情動状態を制御・低減させ，安全であるという主観的意識をもたらすことにある（数井・遠藤, 2005）。安定したアタッチメント関係によって得られるはずの安全の感覚の欠如が，被虐待児に種々の情動の問題を引き起こしている可能性がある。そのため，どのような治療技法であれ，治療者が「安心の基地」および「安全な避難所」として機能し，安心できる治療の場や環境，関係性を保障することが被虐待児の情動支援の基本となるのかもしれない。これまでの養育者との間で形成されてきた虐待的な関係とは異質な関係性，つまり安全で支持的で信頼できる他者との新たな関係性が，虐待による心の傷からの回復を支えるのだろう。ある研究によると，虐待の連鎖を断ち切ることができた母親の特徴として，幼少期に親以外の大人から情緒的サポートを受けていたこと，人生のある時期に心理治療に参加していたこと，成人期に支持的で安定した満足できるパートナー（夫や恋人）との関係性があったことが示されたという（Egeland, Jacobvitz, & Sroufe, 1988）。このことは，虐待からの回復には対人関係の要因が深く関与していることを意味する。関係性に起因する心の傷は，関係性を通して癒されていくことが前提であり，それが支援の本質といえる。

【文　献】

Aust, S., Hartwig, E. A., Heuser, I., & Bajbouj, M. (2013). The role of early emotional neglect in alexithymia. Psychological Trauma, Theory, Research, Practice, and Policy, 5, 225-232.

Camras, L. A., Grow, J. G., & Ribordy, S. C. (1983). Recognition of emotional expression by abused children. *Journal of Clinical Child & Adolescent Psychology*, 12, 325–328.

Carlson, E. A., Cicchetti, D., Barnett, D., & Braunwald, K. (1989). Disorganized/disoriented attachment relationships in maltreated infants. *Developmental Psychology*, 25, 525-531.

Cohen, J. A., Mannarino, A. P., & Deblinger, E. (Eds.) (2012). Trauma-Focused CBT for children and adolescents: Treatment applications. New York: The Guilford Press.（コー

エンJ. A., マナリノA. P., デブリンジャー E. 亀岡智美・紀平省悟・白川美也子(監訳)(2015). 子どものためのトラウマフォーカスト認知行動療法：さまざまな臨床現場におけるTF-CBT実践ガイド 岩崎学術出版社)

da Silva Ferreira, G. C, Crippa J. A. S., & de Lima Osório F. (2014). Facial emotion processing and recognition among maltreated children: a systematic literature review. *Frontiers in Psychology*, 5:1460.

Dannlowski, U., Stuhrmann, A., Beutelmann, V., Zwanzger, P., Lenzen, T., Grotegerd, D., Domschke, K., Hohoff, C., Ohramann, P., Bauer, J., Linder, C., Postgert, C., Konrad, C., Arolt, V., Heindel, W., Suslow, T., Kugel, H. (2012). Limbic scars: long-term consequences of childhood maltreatment revealed by functional and structural magnetic resonance imaging. *Biological Psychiatry*, 71, 286–293.

Dodge, K. A., Bates, J. E., & Pettit, G. S. (1990). Mechanisms in the cycle of violence. *Science*, 250, 1678–1683.

Egeland, B., Jacobvitz, D., & Sroufe, L. A. (1988). Breaking the cycle of abuse. *Child Development, 59*, 1080–1088.

Holmes, M. R., Yoon, S., Voith, L. A., Kobulsky, J. M., & Steigerwald, S. (2015). Resilience in physically abused children: Protective factors for aggression. *Behavioral Science*, 5, 176-189.

亀岡智美(2016). S3-1. わが国でのTF-CBT実施可能性について. *児童青年精神医学とその近接領域*, 57, 536-544.

Kaufman, J. (1991). Depressive disorders in maltreated children. *Journal of the American Academy of Child & Adolescent Psychiatry*, 30, 257-265.

数井みゆき・遠藤利彦(2005). アタッチメント：生涯にわたる絆. ミネルヴァ書房

Khoury, J. E., Gonzalezb, A., Levitanc, R., Masellisd, M., Basiled, V., & Atkinson, L. (2016). Infant emotion regulation strategy moderates relations between self-reported maternal depressive symptoms and infant HPA activity. *Infant and Child Development*, 25, 64-83.

Kim, J., & Cicchetti, D. (2010). Longitudinal pathways linking child maltreatment, emotion regulation, peer relations, and psychopathology. *Journal of Child Psychology and Psychiatry*, 51, 706-716.

Kim, J., & Cicchetti, D. (2006). Longitudinal trajectories of self-system processes and depressive symptoms among maltreated and nonmaltreated children. *Child Development*, 77, 624-639.

Kim-Spoon, J., Cicchetti, D., Rogosch, F. A. (2013). A longitudinal study of emotion regulation, emotion lability-negativity, and internalizing symptomatology in maltreated and nonmaltreated children. *Child Development*, 84, 512-527.

Luke, N., & Banerjee, R. (2013). Differentiated associations between childhood maltreatment experiences and social understanding: A meta-analysis and systematic review. *Developmental Review*, 33, 1-28.

Maglione, D., Caputi, M., Moretti, B., & Scaini, S. (2018). Psychopathological consequences of maltreatment among children and adolescents: A systematic review of the GxE literature. *Research in Developmental Disabilities*, 82, 53-66.

Maughan, A., & Cicchetti, D. (2002). Impact of child maltreatment and interadult violence on children's emotion regulation abilities and socioemotional adjustment. *Child Development*, 73, 1525-1542.

Nanni, V., Uher, R., & Danese, A. (2012). Childhood maltreatment predicts unfavorable course of illness and treatment outcome in depression: A meta-analysis. *American Journal of Psychiatry*, 169, 141–151.

Nussbaum, S. H. (2014). Emotional Processing in Self-Narratives as a Predictor of Outcome in Emotion Focused Therapy for Child Abuse Trauma (EFTT). Electronic Theses and Dissertations. 5183. https://scholar.uwindsor.ca/etd/5183

緒川和代・松本真理子(2017). 子どもに対するEMDR適用に関する文献的考察. *児童青年精神医学とその近接領域*, 58, 409-423.

Perlman, S. B., Kalish, C. W., & Pollak, S. D. (2008). The role of maltreatment experience in children's understanding of the antecedents of emotion. *Cognition and Emotion*, 22, 651–670.

Pollak, S.D., Cicchetti, D., Hornung, K., & Reed, A. (2000). Recognizing emotion in faces: Developmental effects of child abuse and neglect. *Developmental Psychology*, 36, 679-688.

Pollak, S. D., & Sinha, P. (2002). Effects of early experience on children's recognition of facial displays of emotion. *Developmental Psychology*, 38, 784-791.

Shackman, J. E., & Pollak, S. D. (2014). Impact of physical maltreatment on the regulation of negative affect and aggression. *Development and Psychopathology*, 26, 1021-1033.

Shapiro, F. (2001). Eye movement desensitization and reprocessing: Basic principles, protocols, and procedures (2nd ed.). New York, NY, US: Guilford Press.（シャピロF. 市井雅哉(監訳)(2004) EMDR：外傷記憶を処理する心理療法　二瓶社）

Shipman, K. L., Schneider, R., Fitzgerald, M. M., Sims, C., Swisher, L., & Edwards, A. (2007). Maternal emotion socialization in maltreating and non-maltreating families: Implications for children's emotion regulation. *Social Development*, 16, 268-285.

Terr, L.C. (1991). Childhood traumas: An outline and overview. *American Journal of Psychiatry*, 148, 10-20.

山内美穂(2018). 子どもへのEMDR適用についての展望. *学校危機とメンタルケア*, 10, 42-51.

Zimmerman, D. P., Howe, T. R., Tepper, F. L., & Parke, R. D. (1997). The emotional understanding and peer relations of abused children in residential treatment. *Residential Treatment for Children & Youth*, 15, 69–82.

第11章 病気・外見の違いをもつ子どもと家族の情動とその支援

石井　悠・松本　学

病気になることや入院をすることによって子どもがどのような情動を経験し，どのような心理社会的影響を受けるのかという問いは1940年代には問われ始め，戦争孤児の施設における養育の影響が危惧され始めた1950年代から特に多くの研究がなされるようになった。そして，これらの調査報告により，1960年代には，入院経験が子どもにとって苦痛を伴い，時にトラウマとなりうることが知られるようになり，その後多くの国で子どもの入院環境が改善されてきている(Davies, 2010)。

本章ではまず，石井がそもそも病気になり入院することの，どのような要因によって，子どもがどのような情動を経験する可能性があるのかということについて概観する。後半では松本が外見に違いを有する子どもについて紹介し，外見の違いが子ども本人や家族にどのような影響を及ぼすのか，どのような情緒的支援がなされているのかを概観する。

1　病気をもつ子どもの心理社会的問題

病気をもつ子どもの心理社会的な側面としては，非常に強い不安や恐怖を経験しうるという点と，そのような負の情動が必ずしも適切に制御されない可能性が相対的に高いという点が大きな特徴といえる。

先述の通り，実は，入院する子どもがどのような心理社会的な問題を経験しているのか明らかにすることを目的に掲げた研究は半世紀以上前から行われており，たとえば1941年には，手術や麻酔を受けることそれ自体はもちろん，その前の慌ただしさや親の不安を感じ取ることによって，子どもがたとえそれを表明しなかったとしても，強い恐怖を感じている可能性があることが指摘されている（Pearson, 1941）。その他にも，侵襲的な治療や処置への恐れや見慣れない環境・人・出来事に対する不安（例えばGoslin, 1978），病院という施設そのもの，病院の独特の音やにおいによっても，恐れを経験しているとの報告もある（Salmela, Salanterä, & Aronen, 2009）。そして，このような様々な要因の影響の大きさを調整するものとして，子どもの年齢以外にも，入院期間の長さやそれまでの入院経験，子どものもともとの気質・パーソナリティ，養育者の不安などが挙げられている（例えばBonn, 1994; Wright, 1995）。中でも病気や治療に関する不確かさや見通しの持てなさからくる不安は1980年代以降イルネス・アンサーテンティ（Illness uncertainty）という概念としても研究されてきているが，これは不安や苦痛の主要な要因として注目されているだけでなく（Stewart & Mishel, 2000），近年では子どもの心理社会的発達に対して長期的にも負の影響を持つ可能性が指摘されている（石井, 2014）。

上記の通り子どもの不安や恐怖，苦痛の原因としてさまざまな要因が指摘される中で，最も問題視されているのは母親などの主たる養育者との分離であるといえるだろう（Goslin, 1978; Wright, 1995）。毎日過ごしていた家族と離れざるを得なくなること自体，子どもにとって大きな不安となる。しかし，母子分離が注目される最大の理由は，それ自体によって引き起こされる不安や恐れが大きいということよりも，むしろ，上記のようなさまざまな理由で子どもの中で生じたネガティブな情動が，母親と分離されたことによって，制御・調整されない可能性が高いからである。特に乳幼児期の子どもは，自らの力で感情をコントロールすることが難しいため，母親などの特定の他者への近接を通して，安全の感覚を回復・維持していくといわれている（数井・遠藤, 2007）。そのため，子どもが母親との分離を余儀なくされ，情動を適切に制御されないということは，その後の子どもの心理社会的な発達においても大きなリスクとなりうるのである。

近年では，例え母子分離を免れたとしても，母親自身が強いストレスを経験するために，子どもにとって，母親がいわゆる「安心の基地」・「安全な避難所」として十分に機能しない可能性も指摘されている（遠藤, 2016）。以上より，大きな病気によって入院治療を必要とする子どもの心理社会的な問題の特徴としては，強い恐怖や不安を経験しやすい上に，それらの負の情動が十分に制御されない可能性がある点が指摘できるだろう。

2 病気をもつ子どもに対する心理社会的支援

これまで，病気の子どもや病気により入院が必要になる子どもに対しては，さまざまな支援が検討され，実施されてきている。特に母子分離に関しては，イギリスで提出されたいわゆるプラット報告書（Platt, 1959）※注などを受けて，可能な限り入院を減らし，親の付き添いを可能にするなど，世界中で子どもの治療環境の改善に向けた取り組みが進んできた（Davies, 2010）。そして近年では，環境や出来事の不慣れさやわからなさからくる不安や恐怖を低減する方法としてプレパレーションと呼ばれる介入の有効性が注目されてきている（Bonn, 1994; Goslin, 1978）。プレパレーションとは，治療や処置に関する説明だけでなく，入院や病院そのものなどに関する説明をすることで子どもの心の準備をすることを指し，不慣れなことが多い病院の中で，特に年齢の高い子どもについてその有効性が指摘されている（Goslin, 1978）。

現在では，プレパレーションの実施を含め，あそびを通して支援を行う専門職が世界の多くの国で導入されており，その先駆けとも言えるのがアメリカやカナダのチャイルド・ライフ・スペシャリスト（Child Life Specialist；以下CLS）とイギリスのホスピタル・プレイ・スペシャリスト（Hospital Play Specialist; 以下HPS）である。どちらの職種もあそびを用いることで，子どもの発達を促すことはもちろん，子どもの医療プロセスに関する理解を促し，子どもの不安や苦痛を低減させることを目指している。例えばHPSであれば，治癒的な遊びを通して，子どもの気持ちを表現してもらったり，気持ちを落ち着かせたりし，また，プレイ・プレパレーションを通して治療に向けた情緒的な準備を行い，手術や処置後の遊びを通して子どもに対して自身が受けた処置や治療の振り返りを促し，誤解や納得していないことがあればその部分を修正す

※注　プラット報告書とは，子どもが利用する病院を医療面からではなく，子どもの福祉の側面から評価し，医療従事者が理解できかつ改善できる具体的な内容を示すよう求められる，プラット（Platt）をまとめた報告書のことを指す。

る（松平, 2010）。そしてCLSも，子どもの悩みの発見や子どもの理解度合いをみるのに役立つことから，特にメディカル・プレイと呼ばれる〈あそび〉を多く用いており，入院時や，手術，検査や治療の時には，正確かつ子どもの発達段階に適切な情報を伝達し，子どもの潜在的なストレッサーを同定し，それに対するコーピング方略を計画・実施するプロセスとしてプレパレーションを行なっている（Child Life Council, 2006）。

そして日本においては，上述のCLSやHPSの他に，保育士が病棟や外来，新生児集中治療室などで子どもの支援を行なっている。このような場で働く保育士は医療保育士とも呼ばれ，CLSやHPSと同様に，あそびなどを取り入れることで子どもの情緒の安定や育ちを促している（帆足・長嶋, 2007）。特に医療保育士は保育学を拠り所としていることもあり，病棟でも，そこが子どもの生活の場であるという認識のもと，子どもの情動が適切に調整され十分に安心の感覚を持ちながら生活できるよう，子どもと家族の関係性にも重点をおきながら支援を心がけていると報告されている（赤津, 2016）。

3　外見の違いをもつ子どもと家族の情動

ここまで病気になることや入院することが心理社会的問題や情動にどのような影響をもたらすのか見てきた。つぎに外見に違いを有する子どもが情動面でうける影響や心理社会的問題についてみてみたい。病気や障害などが原因で先天的，あるいは人生の途中で，変形や治療による手術痕の傷等が原因で外見に違いを有することがある。こうした外見上の可視的な違いを可視的差異（Visible Difference，以下VD）と呼ぶ（松本，2008）。このうち，先天的なものとしては唇顎口蓋裂や小耳症，血管腫等の多様な先天性疾患が挙げられ，後天的なものとしては，熱傷によるケロイドや悪性腫瘍等の疾患による手術痕や変形などが挙げられる。こうしたVDは英国の報告書では全人口の111人に１人（0.9%），つまり日本の人口で考えると，約113万人が顔や身体に何らかのVDを有していることが予想される（総務省統計局発表，2018年12月1日現在1億2642万人の0.9%で概算）。

ＶＤ児の情動的発達の特徴

では，VDは子どもの情動的発達にどのような影響を与えるのであろうか。考えられることとして，VDそのものが両親や家族とのやり取りに影響を与え，発達早期の母子やその他家族との安定的な関係を何らかの形で阻害することであり，それがその後のVD児の自尊感情や友達との安定的な関係，学校での成績などに影響する可能性がある。しかし，これまでの研究からはVDが子どもの情動的発達に直接影響を与えるという報告は見つけることができない。むしろ，VDの程度は，児や家族の心理的問題との影響に直接の関係がなく，児や家族のVDについての主観的理解，つまりVDについての理解の不足や偏見が心理的問題と関連することが明らかになってきている（Kapp-Simon & Grouther, 2016）。したがって，VD児の情動的発達は，出生前後から如何に安定的な家族環境を形成・維持できるのかどうか，治療の観点から言えば，具体的にはVDを生じさせる疾患を如何に治療や育児の視点で長期的視野で理解し，迅速かつ適切に治療や心理社会的支援につなげるのかが大きな鍵となる。さらに，近年VDは出生前から判明することも少なくない。VDが生じる先天性疾患の一つである口唇裂の場合には，出生前診断技術の進歩によって，従来は出生後に行われていた疾患の告知が出産前から始まるようになってきている。その結果，母親・家族へ与える影響も当然出産前から考える必要がでてくるわけである。以下，VDが生じる先天性疾患の一つである唇顎口蓋裂を例に取り，発達的視点での情動的支援について概観する。

4　外見の違いをもつ子どもと家族の支援：唇顎口蓋裂の場合

先述の通り，VDが生じる先天性疾患の一つである口唇裂の場合には，出産前から疾患の告知やケアが，始まるようになってきている。実際，口唇裂患児の20％程度が出生前のエコーによる定期検診によって発見されている（Jones, 2002）。そしてこの出生前告知は，情報提供（外科的手術，それ以外の治療）や授乳技術についての情報提供が適切になされれば，多くのケースで両親・養育者の情動的安定をもたらすと考えられている一方，出生前の告知が母親の不安をより増悪させるケースも存在する（松本ら, 2016）。とりわけハイリスク群（松本・今井・館，2018）においては，増悪の可能性が考えられるため，筆者らは，初回の心理面接の際に，外来において養育者の生育歴などの背景情報を確認したうえで，何らかのハイリスク要因が見いだされた場合には，しばらくは治療と並行して頻回の継続的支援を実施している。

早期迅速支援のための準備

では，こうした支援をより早期から迅速に実施するためにはどのような準備が必要となるであろうか。筆者らの唇顎口蓋裂児治療の実践（東北地方における大学病院）においては，院内の産婦人科との緊密な連携はもとより，地域の拠点病院産婦人科や開業されている産婦人科医の先生方との連携を持っており，唇顎口蓋裂児の出生前診断がなされたり，出生した場合には，早くて１，２週間で筆者らのセンターがある大学病院に患児・母親・家族が専門外来に来院する。そこでは形成外科医から１時間程度のスライドを用いた情報支援が実施され，疾患の説明，治療の説明，育児について必要な準備等，中長期的展望の下で丁寧な説明がなされる。その後，筆者ら公認心理師によっての先述のような面接が実施されるわけである。

しかし，残念ながら現実には，専門医紹介まで長時間が経過したり，十分な情報が提供されないケースもあることが報告されており，解決に向けてその実態把握が急務である。そこで松本・今井・菅原（2020）は宮城県の産科医における唇裂の出生前診断の経験と対応についての実態調査をおこなった。そこでは回答した産科医29名中，19名（65.5％）が出生前診断の経験があり，診断時期は12名が妊娠中期に，７名が妊娠末期であった。このうち診断後の対応では，14名がすぐ専門医に紹介と回答した一方，４名が告知し出生後に形成外科に紹介と回答した。つまり，多くの産科医が唇顎口蓋裂の出生前診断に関与している一方，診断のあり方や対応では未だ結果が分かれているのである。今回の調査は宮城県内での産婦人科医への少数サンプルの調査であるが，今後はこうした調査を各所で実施し，出生前診断とその後の治療において，専門治療機関への迅速な紹介システムを作ることが必要であろう。

出生後の情動的支援

さて，ここまで出生前の家族に対する情動的支援をみてみたが，出生後についてはどうだろうか。まず，私達が臨床現場で頻繁に耳にするエピソードとして，生まれてきた赤ちゃんはとてもかわいい，という母親・家族の言葉を紹介したい（松本, 2020）。つまり，多くの家族にとって，出生してからの赤ちゃんは，VDがあったとしても両親との関係を築いていける基盤を有しているということを示唆しているエピソードのように思われる。実際の研究でも，唇顎口蓋裂，血管腫，顔面神経麻痺など様々なVDを持つ乳児の表情は，健常群を比較し，顔面神経麻痺群以外では何ら他群との表情判別における有意差が見られないことが報告されている（Oster, 2003）。つまり，表情が表出さえすれば，どのような顔面のVDであったとしても，私達大人は乳児の表情や情動を瞬間的に判別可能であることを示している。さらに唇顎口蓋裂児のアタッチメント研究では，健常児と比較して愛着のタイプにおいて有意差は見られなかったことが報告されている（Speltz et al., 1997; Coy et al., 2002）。つまり口唇口蓋裂児においては，情動面，つまり口唇裂・口蓋裂児の表情表出と大人による表情・情動の読み取り，愛着タイプなどの様々な要因においてはVDの影響をなんら見いだせないようである。つまり，この時期の支援においては，VDについての疾患理解，治療の理解等が十分になされさえすれば，外見そのものに関する支援というよりは，その他のハイリスク要因に係る心理社会的支援，例えば母親・家族の心理的問題や，社会経済的問題，夫婦関係等にかかわる支援を実施することが中心となると考えられるのである。

就学前後の情動的支援

ここまで，子どもを支える家族に対する情動的支援を概観した。では，子どもに対する情動的支援としてはどんなことが考えられるのであろうか。ここで考慮しなければならないのが，子ども自身のVD理解である。先天性疾患によるVDの場合，4 - 6歳頃に，友達との関係の中で指摘されることで，徐々に自分のVDに気づき始めるようである。この時期の適切な支援がないと，子どもの自尊感情の低下やいじめ等が生じる可能性がある。このため，私達はVDの気づきについて周到な準備が必要であると考え，出産前・出産後の支援開始時に，子どものVDについての写真や動画をたくさん記録しておくこと，それが多くの人に支えられていることがわかること，を両親に強く薦めている。これはその後の幼稚園・保育園での集団開始前に写真や動画を通じて自身のVDについての理解を深めるための道具立てである。その後も，思春期，青年期後期，成人期においても，各発達期の課題とともに子どものVD理解は深まっていく（松本, 2009）。その際の大きなポイントとしては，先天性疾患由来のVDの場合，医学的治療には限界があることが多く，「その顔」で生きていくために如何に医学的，心理社会的な支援をそろえられるかが極めて重要であると考えられる。

【文　献】

赤津美雪.（2016）. 子どもの育ちを支える病棟保育士の役割. 小児看護, *39*, 82-88.

Bonn, M. (1994). The effects of hospitalisation on children: a review. *Curationis, 17*, 20–24.

Child Life Council. (2006). Child Life Services. *Pediatrics, 118*, 1757–1763.

Coy, K., Speltz, M. L., & Jones, K. (2002). Facial appearance and attachment in infants with orofacial clefts: A replication. *The Cleft Palate-Craniofacial Journal, 39*, 66-72.

Davies, R. (2010). Marking the 50th anniversary of the Platt Report: from exclusion, to toleration and parental participation in the care of the hospitalized child. *Journal of Child Health Care, 14*, 6–23.

遠藤利彦.（2016）. アタッチメント理論から見る病児ケア：子どもが安心して育つために医療と保育, 14, 58-66.

Goslin, E. R. (1978). Hospitalization as a life crisis for the preschool child: a critical review. *Journal of Community Health*, 3, 321–346.

帆足英一・長嶋正實.（監修）.（2007）実践　医療保育『いま一現場からの報告』. 診断と治療社.

石井悠.（2014）. イルネス・アンサーテンティ(Illness Uncertainty) -“病気に関する不確かさ”研究の概観と展望-. 東京大学大学院教育学研究科紀要, *54*, 221–231.

Jones, M. (2002). Prenatal Diagnosis of Cleft Lip and Palate: Detection Rates, Accuracy of Ultrasonography, Associated Anomalies, and Strategies for Counseling. *Cleft Palate-Craniofacial Journal, 39*, 169-173.

Kapp-Simon KA, Gaither R(2016). Psychological and behavioral aspects of orofacial clefting. In J. E. Losee, and R. E. Kirschner (Eds.), Comprehensive cleft care, Vol. 1, 2nd Ed. FL: Taylor & Francis Group, Pp. 383-401.

数井みゆき・遠藤利彦.（編）.（2007）アタッチメントと臨床領域. ミネルヴァ書房.

松平千佳.（2010）. 日本における Hospital Play と Hospital Play Specialist の必要性 THE NEED OF HOSPITAL PLAY. こども環境学研究, *6*, 78-85.

松本学.（2008）. Visible Difference にまつわる心理的問題ーその発達的理解と支援. 心理学

研究, *79*, 66-76
松本学(2009). 口唇口蓋裂者の自己の意味付けの特徴, 発達心理学研究, 20(3), 234-242.
松本学・今井啓道・五十嵐薫・金高弘恭・幸地省子・伊藤雅子(2016). 出生前診断からの唇裂児母子の心理的支援；複数診療科, 地域との連携. 日本口蓋裂学会雑誌, *41*, 100.
松本学・今井啓道・館正弘(2018). 口唇口蓋裂・頭蓋顎顔面領域での問題と包括的ケア：実際(原田輝一・真覚健編『アピアランス<外見>問題と包括的ケア構築の試み』福村出版 p152-161.
松本学・今井啓道・菅原準一(2020). 唇裂児の出生前診断に対する産科医の経験と対応：東北地方における実態調査. 日本口蓋裂学会雑誌, 45
松本学(2020). 外見の違いを持って生まれること・生きることとは？ (川島大輔・松本学・徳田治子・保坂裕子編『多様な人生のかたちに迫る発達心理学』p 111-120.
Ministry of Health (1959). The welfare of children in hospital, Platt Report. London: Her Majesty's Stationery Office.
Oster, H. (2003). Oster 2003 Emotion in the infant's face Insights from the study of infants with facial anomalies, *Annals New York academy of Science, 1000*, 197-204.
Pearson, G. H. J. (1941). Effect of operative procedures on the emotional life of the child. *American Journal of Diseases of Children*, *62*, 716–729.
Platt, H. (1959). *Welfare of Children in Hospital.* HMSO.
Salmela, M., Salanterä, S., & Aronen, E. (2009). Child-reported hospital fears in 4 to 6-year-old children. *Pediatric Nursing*, *35*, 269–76, 303.
Speltz, M., Endriga, M., Fisher, P., & Mason, C. (1997). Early predictors of attachment in infants with cleft lip and/or palate. *Child Development*, *68*, 12-25.
Stewart, J. L., & Mishel, M. H. (2000). Uncertainty in childhood illness: a synthesis of the parent and child literature. *Scholarly Inquiry for Nursing Practice*, *14*, 299–326.
Wright, M. C. (1995). Behavioural effects of hospitalization in children. *Journal of Paediatrics and Child Health*, *31*, 165–167.

著者紹介（執筆順）

遠藤　利彦（えんどう・としひこ）	編著者, 東京大学大学院教育学研究科教授, 同附属発達保育実践政策学センター長
武藤　世良（むとう・せら）	お茶の水女子大学基幹研究院人間科学系 講師
溝川　　藍（みぞかわ・あい）	名古屋大学大学院教育発達科学研究科 准教授
榊原　良太（さかきばら・りょうた）	鹿児島大学法文学部准教授
石井佑可子（いしい・ゆかこ）	藤女子大学文学部准教授
蒲谷　槙介（かばや・しんすけ）	愛知淑徳大学心理学部准教授
平田　悠里（ひらた・ゆり）	東京大学大学院教育学研究科博士課程
野澤　祥子（のざわ・さちこ）	東京大学大学院教育学研究科附属 発達保育実践政策学センター准教授
西田　季里（にしだ・きり）	東京大学附属発達保育実践政策学センター 特任助教
久保田(河本)愛子（くぼた(こうもと)・あいこ）	宇都宮大学共同教育学部助教
利根川明子（とねがわ・あきこ）	東京学芸大学教育学部特任講師, 東京大学大学院教育学研究科特任研究員
高橋　　翠（たかはし・みどり）	東京大学大学院教育学研究科附属 発達保育実践政策学センター特任助教
本島　優子（もとしま・ゆうこ）	山形大学学術研究院准教授
石井　　悠（いしい・ゆう）	東京大学大学院教育学研究科教育学研究員
松本　　学（まつもと・まなぶ）	共愛学園前橋国際大学国際社会学部教授, 東北大学病院形成外科心理士

※所属は執筆時

監修者紹介

本郷一夫(ほんごう・かずお)

東北大学名誉教授。博士(教育学)。過去，東北大学大学院教育学研究科助手，鳴門教育大学学校教育学部助教授，東北大学大学院教育学研究科教授。専門は発達心理学，臨床発達心理学。現在は，社会性の発達とその支援に取り組んでいる。主な著書に『幼児期の社会性発達の理解と支援—社会性発達チェックリスト(改訂版)の活用』(編著・北大路書房，2018)，『認知発達とその支援』(共編著・ミネルヴァ書房，2018)，『認知発達のアンバランスの発見とその支援』(編著・金子書房，2012)，『「気になる」子どもの保育と保護者支援』(編著・建帛社，2010)，『子どもの理解と支援のための発達アセスメント』(編著・有斐閣，2008)など。

編著者紹介

遠藤利彦(えんどう・としひこ)

東京大学大学院教育学研究科・教授，同附属発達保育実践政策学センター(Cedep)センター長。東京大学大学院教育学研究科博士課程単位取得退学。博士(心理学)。東京大学教育学部助手，聖心女子大学文学部講師，九州大学大学院人間環境学研究院助教授，京都大学大学院教育学研究科准教授，東京大学大学院教育学研究科准教授などを経て，現職。専門は発達心理学，感情心理学，進化心理学など。日本赤ちゃん学会常任理事，日本子ども学会常任理事，日本学術会議会員(第一部会)など。主な著書に『「情の理」論:情動の合理性をめぐる心理学的考究』(単著)(東京大学出版会，2013)，『赤ちゃんの発達とアタッチメント』(単著)(ひとなる書房，2017)，『乳幼児の発達と保育』(共編著)(朝倉書店，2019)など。

シリーズ 支援のための発達心理学
情動発達の理論と支援

2021年6月22日　初版第1刷発行　［検印省略］

監修者　本 郷 一 夫
編著者　遠 藤 利 彦
発行者　金 子 紀 子
発行所　株式会社 金 子 書 房
〒112-0012　東京都文京区大塚3-3-7
TEL　03-3941-0111㈹
FAX　03-3941-0163
振替　00180-9-103376
URL　https://www.kanekoshobo.co.jp
印刷／藤原印刷株式会社　製本／一色製本株式会社
装丁・デザイン・本文レイアウト／mammoth.

ISBN978-4-7608-9578-6　C3311　Printed in Japan